20代をどう生きるか

中谷彰宏

AKIHIRO NAKATANI

立ち止まるより
迷走しよう

中谷彰宏

あきひろ

この本は、
３人のために書きました。

1 環境の変化に、どう対応していいかわからない人。

2 人との距離を、どうとればいいかわからない人。

3 「やりたいこと」が、見つからない人。

まえがき

01

20代は、自分自身を知る時代。

失敗を面白がるためには、まずは自分を面白がります。

20代は社会に適応していません。
不適応であることはある意味、大切な時代です。
30代になると、ほうっておいてもどんどん適応していきます。
社会に適応すると、自分が薄まります。
社会に適応しないと、ギクシャクして失敗が多くなるのです。
不適応における自分の失敗を、どれだけ面白がれるかです。

幸福感の高い人は、自分をよく知っています。

自分にはこんなところもあったんだ、こんなところもあったんだ……と、自分に興味を持ち、自分を好きになり、自分を面白がっているのです。

自己肯定感の高い人は、自分をもっと知ろうとします。

自己肯定感の低い人は、自分から目をそらして、お手本をほかに探そうとします。

そうすることによって、幸福感が下がるのです。

自分を知るとは、自分自身の得意なことも、苦手なことも知ることです。

強みを知ることも、もちろん大事です。

同じように、苦手なことを知って、面白がることも、幸福感を高めます。

20代は、ちょうど川から海へ出ていくところです。

川の水と海の水が交わるところは、一番栄養度が高いのです。

ウナギも、ここで育ちます。

そんな時代に、せっかくだから自分自身に興味を持ち、自分自身をもっと知ろうとすることが大切です。

失敗することによって、「自分」という人間を知ることができるのです。

20代を楽しむ方法

01

自分自身を面白がろう。

20代を楽しむ61の方法

20代をどう生きるか　楽しむための61の方法　もくじ

第1章　20代の迷走は、武器になる。

第2章 20代は相手との距離を、近づけすぎない。

第3章 「どんな人になりたいか」で、今日すべきことが変わる。

第4章 20代は仕事を通して、成長と信用の2つを手に入れる。

第5章 20代の運は、想定外のトラブルのド真ん中にある。

第1章

20代の迷走は、武器になる。

02

迷走は、武器になる。

20代は、迷う時期です。

「あれをしたり、これをしたり、したいことがいっぱいあって、でもどれをしてもうまくいかなくて、なんかウロウロしているんです」と言う人がいます。

迷わないよりは迷ったほうがいいです。

迷うことでいろいろな道を試してみるのです。

よくないのは、迷っている自分を卑下してしまうことです。

「自分は迷っているから、ダメなんだ」と思う必要はありません。

迷わず直進すること、いろいろ迷ってウロウロすること、どちらもありです。

迷うメリットは、三日坊主で終わったことも3日なりの体験として残ることです。

「あの仕事は面白そうだと思ってしてみたら、意外にめんどくさいことがたくさんあるとわかった」という経験は大きいです。

それを経験しないうちは、ほかの仕事をしながら、「あれはきっと楽しいんじゃないかな」と思い続けます。

経験したことのある人は「あれ、めんどくさいよ」と、迷いがなくなります。

将来、迷わないようになるためには、20代に迷うことです。

迷った時に大切なのは、立ち止まらないことです。

迷ったらしてみます。

これを「迷走」と言います。

「なんか迷走しているんです」と言いながら、じっとしている人がいます。

立ち止まりは停止なので、なんの体験にもなりません。

どうせなら、これも失敗して、あれも失敗して……と、思い切り迷走することです。

これが将来の武器になります。

20代のうちは気づきません。

20代でしていることの成果は、20代では生まれなくていいのです。

30代になった時に、「20代であれをしていてよかった」と思えます。

失敗するより、「なんで20代でしておかなかったんだろう」と後悔するほうがつらいのです。

20代を楽しむ方法

02

迷走しよう。

03 魅力は、成功ではなく、失敗にある。

失敗できるのは、20代の特権です。
本当はいくつになっても失敗できます。
その人の魅力は、成功ではなく失敗です。
木村屋總本店は、あんぱんで有名なパン屋さんです。
会社が大きくなって、一時、経営不振に陥りました。
それを立て直すために、７代目の社長が合理化をしました。
立て直しは、大体、合理化です。

合理化するために、マニュアル化して、職人さんをリストラしたのです。

パンは微調整の世界です。

それは職人さんがいないとできません。

味が劣化して、さらに売上が下がりました。

社長が偉かったのは、間違いに気づいて、職人さんを戻して、職人さんをどんどん育てていく方針に変えたのです。

会社は見事、V字回復しました。


木村屋總本店は、創業してからずっと、あんぱんを出し、ジャムパンを出し、蒸しケーキを出し……と、どんどん新商品を出してきました。

新商品はチャレンジです。

大半は、はずれます。

しかし、「創業時点の理念はこれだったんだ」と気づいたのです。

20代を楽しむ方法

03

失敗を個性にしよう。

すべての人の中に、20代の要素がずっと残っているのです。

人に好かれる人は失敗の多い人です。

失敗が個性になるのです。

04

意見が違っても、友達を切らない。

20代で今まで会わなかった人に、出会います。

価値観の多様性の海へ放り出されることです。
10代までは同じ価値観の人たちの中で生きていました。
友達は、みんな同じ価値観だから友達になっていたのです。
今までの生活環境や、ものの考え方も同じ集団の中にいました。
家庭の中は、ケンカをしても、同じ考え方です。
学校も同じ考え方の子たちを集めています。

仲のよい塾の友達もみんな同じ価値観の中にいます。

遊ぶ友達も、価値観が合うから遊んでいたのです。

ネット社会では、10代は同じ価値観の人とだけ会うことができます。

インターネットが出る前の時代は、価値観の違う人が近所にたくさんいて、そういう人と関わらなければなりませんでした。

インターネットの時代でも、20代になると、生きていくためには違う価値観の人と出会うことになります。

上司・お客様・同僚など、違う価値観の人たちが大勢あらわれるからです。

同じアルバイト先で働いている人たちも同じ価値観であるとは限りません。

むしろ違うことのほうが圧倒的に多いです。

価値観がみんな同じというほうが特殊なのです。

みんなの価値観が違うのは、世の中の当たり前です。


20代でショックを受ける状況は、自分が好きで仲よしだと思っていた友達と価値

観が違うことに気づいた時です。

これは、「意見が違うこと」です。

この時、「好きだと思っていたのになんで意見が違うんだ」と、悩むのです。

10代までは同じ価値観の人にしか会っていないので、その中の範囲で好きな相手は同じ価値観です。

20代の友達や知り合いは、自分が好きだと思っても価値観は違います。

その時に「なんだ、価値観が同じだと思っていたら裏切られた。あの人、嫌い」と切り捨てないことです。

10代までは切り捨てることで生きていけても、20代からは友達がいなくなってしまいます。

すべてのことにおいて自分と価値観が同じ人は一人もいません。

価値観の要素は細かく分かれるからです。

「自分は健康でいたい。死にたくない」と考えていても、

①　ワクチンを打つ人
②「ワクチンを打たないほうがいい」と考える人
の２通りに分かれます。

自分は打とうと思っているのに、友達に「あんなの打ったらダメだよ。政府が流している情報なんか全部ウソだからね」と言われることがあります。

その情報に関するプリントアウトをたくさん持って説得しにくると、「この人、嫌い」となってしまう危険性があります。

「好き」イコール「同じ価値観」ではありません。

「好き」は、価値観と関係なく単純に好きなのです。

「価値観が同じだから好き」というのはどこかで行き詰まります。

自分と100％同じ価値観の人はいないからです。

ワクチンを打ったほうがいいと考える人と打たないほうがいいと考える人は、どちらも「死にたくない」と思っている人です。

目的は一致していても手段が変わるのが、価値観が違うということです。

自分の価値観をねじ曲げて、好きな相手の価値観に合わせようとすると、自分が苦しくなります。

自分の価値観と違うことをしているからです。

これを「ガマンしている」と言います。

「あの人は好きだったけど価値観が違うから、もう二度と会わない。大嫌い」というのも、つらくなります。

まずは、仲よしと100%意見が同じであると思い込まないことです。

たとえ意見が違っても、嫌いにならないことが大切なのです。

20代を楽しむ方法

04

「好き」と「同じ」を区別しよう。

05 意見の違う人と話すことで、自分の個性に気づける。

20代になると、「個性的でありたい」という気持ちが強くなります。
「個性を持て」と言われるわりに、自分の個性が何かわからなくて悩みます。
自分の個性は、自分では気づきにくいです。
自分では「当たり前にしていること」だからです。
自分で「これは個性だ」と思うところは大体違っています。
意識している時点で違うのです。
本当のその人の個性は、「これってみんなそうでしょう」と思っていることです。

「個性」とは、「みんなと違うこと」です。

「自分の考え方はみんなと違うんだ」と、面白がることが大切です。

自分の何を面白がるかが個性です。

みんなと違っても、それを「こういうところがイヤなんだよね」と思っていたら、個性をつぶしてしまいます。

本来の個性であるところを拒否しているからです。

個性は、意見の違う人と話すことで気づきます。

10代までは「そうそう、わかるわかる」と、自分と同じ意見の友達の中だけにいました。

「私は違う」という人があらわれた時に、「あれ、違うんだ」と気づきます。

天ぷらを食べる時、おしょうゆをかける人・ソースをかける人・お塩をかける人・だしにつける人・マヨネーズをかける人・何もつけない人がいます。

これが個性です。

家族や友達で統一された中にいると、「こういうふうにする自分はヘンなんだ」ということにまず気づきません。

ヘンを肯定した時に、それを「個性」と言います。

そのためには、意見の違う人と出会うことです。

20代に会社に入ると、年齢差のある人と出会うという、もう一つのギャップがあります。

1歳違えば価値観はまったく違います。

子どもの時に見ていたTVドラマやアニメも違います。

年上の人と出会うことによって、成長するための自分の個性に気づくことができるのです。

意見が違う人との出会いを、避けないことです。

避けることもできるのがネット社会です。

意見の違う人を避けて、同じ意見の人ばかりといようとすると、友達がいなくなります。

友達をネットで探すと、詐欺に遭います。

今流行っているのは、詐欺です。

その人たちは、「わかるわかる」「私もあなたの意見と同じ」という答えがマニュアルになっているのです。

「やっと自分と同じ考え方の人がいた」「自分の言うことを全部肯定してくれる人がいた」と、ハマる人はかわいそうな展開になります。

これは意見の違う人と出会っていないからです。

20代の詐欺被害がたくさん出ています。

「最近こういう友達ができて会っているんだ」

「それ、詐欺だよ」

「なんて悪いことを言うの」

と、**詐欺にかかっている人は、違う意見を否定します。**

20代を楽しむ方法

05

意見の違う人と、出会おう。

今までいろいろな意見に接している人は詐欺にかかりません。

「これだけが頼りで、これがなくなったら私は終わる。死んだも同じ」となることを「依存症」と言います。

1つの考え方だけをしている人は、詐欺にかかったり依存症になります。

依存症の人で、多くのものに依存している人はいません。

趣味がたくさんある人は、依存症になりません。

アルコール依存症の人は「体のためにアルコールを控えなさい」と言われると、「お酒をとったら死んだも同じ」と言います。

依存症から抜け出すためには、別の趣味を持てばいいのです。

06
自分のダメなところを、捨てなくていい。

自分のダメなところについて、「もっとこうしたほうがいい」とアドバイスされることがあります。

その時「今までずっとこうしてきて、それを捨てなければいけないのか」と思うと、ストレスを感じて悩んでしまいます。

自分のダメなところを捨てなくていいのです。

1つの価値観の中にいると、「いい」「ダメ」があります。

360度の放射状に広がっている価値観の中において、「いい」も「ダメ」も

ありません。

本来ダメなところが個性なのに、それを捨てたらその人の個性はなくなります。

ダメなところはとっておき、新しい価値観をどんどんとり入れて足せばいいのです。

SNSで写真を出すようになると、コンプレックスを持つ人が出てきました。

写真はSNS上でいくらでも加工できます。

目を大きくしたり、あごを小さくしたりすると、なんかヘンなのです。

知っている人の顔を見ると、「もとのほうがいいのにな」と思います。

バランスが崩れるのです。

「一緒に写真を撮ってください」と言われて、後で写真を見ると、目が大きくて、あごが小さくなっていることがあります。

「あれ、なんで僕の顔がこんなにマンガみたいな顔になっているんだろう」と不思議に思いますが、一緒に撮ると同じ扱いで加工されるのです。

加工するのは美醜コンプレックスのあらわれです。

20代を楽しむ方法

06

新しい価値観を足せばいい。

私は前歯にスキ間があります。

歯医者さんに「歯列矯正で詰めることはできませんか」と言うと、「それは中谷さんの個性ですよ。フランス人はわざとあけるんです」と言われました。

「天使のスキ間」と言って、フランス人はスキ間をあけるのです。

スーパーモデルも、わざわざ手術をして詰まっている歯にスキ間をあけます。

有名人で言うと、ジョニー・デップやタモリさんは前歯にスキ間があります。

前歯にスキ間があるのは、人に好かれる大切な要素です。

本人は「そこがダメ。嫌い」と思っても、周りから見るとプラスになっていることがあるのです。

07 価値観の違う相手を理解するのが、共感力。

人間関係で大切なのは共感力です。

たとえば、Aさんはワクチンを打つほうがいいと思っていて、Bさんはワクチンを打たないほうがいいと思っています。

Bさんから、ワクチンのデメリットについてのメールがAさんに届きました。

Bさんは別にイヤなことをしているわけではありません。

ワクチンのデメリットを伝えるのは、Bさんの愛情です。

Bさんも必死に生きようと思っています。

「Bさんなりに自分の健康観を持って、自分を心配してくれているんだな」と思えばいいのです。

一方で、「めんどくさいから打ちたくない」というCさんがいます。

そういう価値観もあるのです。

価値観に、上下の優劣をつけないことです。

価値観は点数がつけられません。

「いろいろなものの考え方の人がいる」とわかることが共感です。

つくってもらった料理でも、おしょうゆをジャブジャブかけて食べる人がいます。

「自分はきちんとした味でつくったのに、食べる前からおしょうゆをかけるなんて」とケンカする必要は何もありません。

自分が100%の力で何かをしようとしなくていいのです。

「自分は80%ぐらいつくって、後の20%は相手がつくればいい」「究極50%・50%でいいかな」と考えます。

「健康を考えて、ベストな薄味でつくっているのに、しょうゆをジャブジャブかけちゃうなんて」と、文句を言わないことです。

味が優先の人は、自分の好みでおしょうゆをかけています。

それを許してあげるのが共感力です。

厳しいお店に行くと、「しょうゆをかけてはダメ」とか全部指定されます。

それは料理屋さんのルールです。

家庭で何かをする時は、みんなが自分で好きに味つけをします。

味つけの余地を残して出してあげるのが、最も愛情と共感力のある料理の仕方です。

人間は、

①「みんな同じ」を楽しいと感じる

②「みんな違う」を楽しいと感じる

という2通りに分かれます。

20代を楽しむ方法

07

「違い」を楽しもう。

最終的に幸福感を得られるのは、「みんな違う」が楽しいと感じる人です。

「みんな同じ」を求めていくと、少しでも違った時に「あ、違う」と感じて、楽しさや幸せ感がなくなります。

そうならないためには、違いを楽しめばいいのです。

違う人の中に、同じを見つけるから楽しくなるのです。

08 言葉を増やすことで、イライラはなくなり、痛みが消える。

うまくいかなくても、幸福感を感じればベストです。

うまくいっても、幸福感を感じていなければしんどいです。

つらいことがたくさんあった時、「ムカつく」というひと言で片づけるのではありません。

「ムカつく」とはどういうことなのか、ほかの言葉に言いかえてみます。

「腹が立つ」と「憎い」とは違います。

「腹が立つ」は、その行為に対して言っています。

「憎い」は、相手に対して言っています。

ここで分けていくことによって、痛みが2分の1になります。

山口創《はじめ》先生（桜美林大学教授）によると7歳の子どもは9歳の子どもに比べて注射が10倍痛いそうです。

よく子どもが注射で泣いていますが、本当に痛いのです。

痛みを感じるのは脳です。

7歳は痛みを細分化できていないので痛くないところまで痛がっているのです。

9歳までの2年間で、痛みに関しては脳の部分が発達して10の分野に分かれます。

1個だけが痛いから、7歳の痛みの10分の1になります。

残り9個は痛みを感じません。

何かされた時も、その人に憎しみを持たなくていいのです。

たとえば、ラーメン屋さんで横柄な対応をされました。

だからといって、そのラーメン屋さんを嫌う必要はありません。

横柄な対応にイラッとしたことは事実です。

そのことと憎しみは違います。

これが分けるということです。

「ムカつくんだよ」と、ずっと言っている人はムカつきから抜け出せません。


「『ムカつく』とはどういうことか」と、別のボキャブラリーに置きかえるとムカつきから抜け出せます。


「せっかくプレゼントを買ってあげたのに、相手がそれをあけないで横に置いておいたのがムカつく」と言う人がいます。

それを「せっかく相手にいいことをしてあげたのに裏切られた」と言うと、「ムカつく」とはまったく違う言葉に置きかわっています。

この時点で冷静になっています。

一方で、「ムカつくったらムカつくんだよ。あいつも嫌いだし、このケーキも嫌いだ。このケーキは二度と買わないし、あいつにも二度と買わない」と言う人がいます。

ケーキに責任は何もありません。

たまたま相手は忙しくて手が離せないから、後であげようと思って横に置いておいただけです。

それなのに「自分は嫌われた」と、その他のところにどんどん広がっていくからイライラが大きくなるのです。

感覚を分けるのが言葉です。

言葉の数を増やすほどイライラが減り、痛みがなくなります。

ボキャブラリーを増やすには、漢字と同じように、勉強して覚えればいいだけです。

もう一つは、知らない人と話すことです。

ボキャブラリーが少ないのは、いつも同じ人と話しているからです。

全員が持っている言葉の数はまちまちです。

一人一人の持っている言葉の種類も違います。

子ども時代に読んだ本とか学校の先生、親など、すべての人から言葉を覚えます。

一人一人の背景はみんな違うので、言葉も人それぞれ違います。

知らない人と話していると、いろいろな知らない言葉を覚えるようになるのです。

20歳で「小一時間」と言う女性がいます。

「どれぐらい時間がかかる？」と聞いて、「小一時間」と答える人はおばあちゃん子です。

おばあちゃんが「小一時間」と言うから、「小一時間」と言うのです。

たいていの若者は「小一時間は1時間より長いの？　短いの？」と聞いてしまいます。

「小一時間」という言葉が入ってくるだけで、その人のボキャブラリーが増えます。

ボキャブラリーが増えて一番いいメリットは、イライラがなくなることです。

「憎しみと怒りは同じことでしょう」と言う人には、「違うよ、それは別のものだから」と言えます。

別のものは排除すればいいと考えるからです。

9歳までは脳が勝手に発達します。

それ以降は、本人がどれだけ知らない人と話をしたかによって言葉の数が変わるのです。

20代を楽しむ方法

08

知らない人と話そう。

09

何をしたいかより、どんな人になりたいか。「バーテンダーになりたい」より、「○○さんみたいに、なりたい」。

20代になると、「君はいったい何をしたいんだ?」と聞かれます。

その時、「バーテンダーになりたい」と職業で言う人は、迷いが残ります。

具体的に何をしていいかわからないのです。

バーテンダーは抽象的なものだからです。

そうではなく、「○○さんというバーテンダーのようになりたい」と言うと、具体的なものが見つかってくじけません。

アニメのキャラクターでも同じです。

私は小学校低学年の時、「サイボーグ００９になりたい」と思っていました。サイボーグ００９はカーレーサーで、レースの事故後サイボーグに改造され、世界平和のために戦います。

私はまず、「世界平和のために働くなら英語は勉強しておかないといけないな」と考えました。

ガールフレンドのサイボーグ００３は、バレリーナからサイボーグになったフランス人です。

そうすると、「フランス語は要るな」となるわけです。

誰か具体的な人を置いた瞬間に、一気に今するべきことが具体的に見えてきます。

「ヒーローになりたい」という抽象的なものの考え方では、何をすればいいかわかりません。

「サッカー選手になりたい」と言う人に、「たとえば誰？」と聞くと、世界で活躍するサッカー選手を挙げました。

その選手は、語学ができます。

「世界で戦いたいと思ったら語学を勉強しないとダメだよ」と、アドバイスも変わります。

20代は不安な時期です。

今日するべきことがわかっていると、不安がなくなります。

何をすればいいかわからないというのが一番不安な状態です。

何をすればいいかは、「○○さんみたいになりたい」と思った瞬間に決まってくるのです。

20代を楽しむ方法

09

目標の具体的人物を、持とう。

10 傷つくのは、失敗が足りないから。

傷つくのはつらい。

「傷ついた」と言う人は大勢います。

傷ついた時の痛みには、個人差があります。

傷つきの痛みが大きい人は、これまでの失敗の量が少ない人です。

ある意味、これまでの人生がハッピーだった人です。

今までそれほど大きな失敗もなく、失敗が少ない選択肢を選んできたことによって、あまり傷ついていないのです。

失敗だらけの人は、傷ついてもそれほど痛みを感じません。

「私だって失敗しています」と言う人がいます。

失敗がゼロの人は、一人もいません。

1回の失敗で傷ついて止まってしまう人もいます。

失敗をすると、

① 止まってしまう人
② また新たにチャレンジを続ける人

の2通りに分かれます。

これが痛みの差になります。

傷つく痛みを小さくしたければ、たくさん傷ついていくことです。

これは20代のうちにしておかないと、30代、40代になって過去の失敗が1つで終わっている人は凄く痛くなります。

痛みをたくさん経験して、「痛みは悪いことではないんだ。体が正常に戻ろうとしているんだな」ということがわかればいいのです。

大げさに痛く感じるのはその経験量が少ないからです。

小学生が野球をして家のガラスを割ったり、掃除中に教室のガラスを割ったら「終わりだ」と思います。

小学生は失敗の経験数が足りないからです。

実際は、そんなことでは終わりません。

さんざん失敗して、花瓶やガラスを割ったりしている人は「終わった」と思わないでいられます。

そういう人は、花瓶を割ることがなくなります。

「どうしたらガラスを割らないか」「どうしたら花瓶を割らないでいられるか」「どうしたら人を傷つけないでいられるか」と考えるからです。

人に対して優しい人は、失敗の数が多いのです。

人に対して優しさの足りない人は、人間関係で失敗の数が少なすぎるのです。

生まれた時から人に対して優しい人はいません。

多くの失敗をしてきた人は、「これをしたら人は傷つくんだな」ということがわかります。

人に傷つけられた量が多い人は、「これは痛いんだな。じゃ、自分はしないようにしよう」と思えるようになるのです。

傷つけているのは他者ではなく、自分自身なのです。

20代を楽しむ方法

10

いっぱい失敗しよう。

11 素直になることで、耳コピ力がつく。

20代は、教わる時代です。

10代と違うのは、教科書がないことです。

人から何か教わる時に、教えられたことを聞いている人とスルーする人に分かれます。

これは、私が授業で教えている時も同じです。

このスルーには、

① 故意にスルーしている

②　知らないうちにスルーしている

の2通りがあります。

わざとスルーするのはいいです。

損なのは、知らないうちにスルーしていることです。

よく「そんなこと、聞いてません」と言う人がいます。

一方で、別の人が「いや、先生、言ってたよ」と言うことがあります。

教室で同じように言っているのに、聞いている人と聞いていない人に分かれます。

ここで成長とチャンスの差が生まれます。

聞かなかった人は、「あの人に教えて私には教えていない。なんかいじめられた。差別された」と、間違った解釈をしがちです。

教えている人は、相手が聞いていないのはわかります。

それは耳コピ力の差です。

耳でコピーする能力が、その人の成長に影響します。

仕事ができる人や人間関係がうまい人は、耳コピがうまいです。

中には「私、音楽を習ってないので楽譜が読めないんです」と言う人がいます。

もちろん音楽を習っている人は楽譜を読めます。

その人の音楽のセンスは、楽譜が読めるかどうかではありません。

流れている音楽を耳でコピーできるかどうかです。

これは、音楽を習っていない人も同じです。

人と話している時に、相手が言ったことをきちんと聞き取れている人は、恋人もできます。

恋人なら、相手の話を聞いていないと問題があります。

「言ったよ」

「いや、聞いていない」

と、もめごとになります。

耳コピ力は、集中力以上に素直さが必要です。

自分の心の中でブツブツ言っていると、その音に邪魔されて相手の話が聞こえません。

耳コピ力のない人は、自分の中でブツブツとグチを言っているのです。

集中力のある人は、自分の中にノイズがないのです。

自分の意見を消して相手の意見を聞きます。

耳コピ力のない人は、「こんなこと言うけど、でもさ、でもさ……」と言っているのです。

その音で相手の言っていることが聞こえなくなります。

耳コピ力を鍛えておかないと、英語を勉強する時も困ります。

英語は、耳コピ力の勝負です。

文字で覚えようとすると、英語は覚えられません。

これが学校で覚えた人たちです。

私は４歳から六甲カトリック教会で英語を習っていて、テキストはありませんでした。

全部、英語の聖歌なので、耳コピ力の勝負です。

耳コピ力がないと、英語ができなくなります。

耳コピ力をいかにつけていくかが勝負です。

何か指示された時に「紙に書いてください」「メールでください」と言うのではなく、きちんと覚える力を身につけることです。

そのためには、何か言われた時に、「でもさ、でもさ……」と心の中で叫ぶのをやめます。

自分の中のノイズをミュートにするのです。

20代を楽しむ方法

11

耳コピ力を、つけよう。

第2章

20代は相手との距離を、近づけすぎない。

12 成長すると、成長していない友達が、離れていく。

頑張っている人が、久しぶりに学生時代の友達と会うと、話が合わないことがあります。

「変わっちゃったな」と言われるのがショックという悩みが多いのです。

学校時代に同じ場所にいた人は、みんないろいろな職場に入ります。

そこで**「成長していった人」と「成長しなかった人」の差がつきます。**

成長していった人は、会話の中に「それはたしかにいい話だな」「ためになるな」と、成長していくようなテーマを求めます。

今の話題が、自分が成長できるものかどうかを基準にします。

成長していない人は、グチ・悪口・噂話を面白がります。

「自分はどうせ成長しないんだから、人の足を引っ張ったほうがいい」と思うからです。

これは嫉妬です。

嫉妬する人は、努力が嫌いです。

努力が好きな人は、「自分もああなりたい」と思うと、その人をマネして成長できます。

努力が嫌いな人は、相手をこきおろすグチ・悪口・噂話のほうへ行ってしまいます。

そうすると、「今まで仲よしだった人間がなんでそうなってしまったのか」と、せつない思いになります。

この時、離れていく友達は「おまえ、つまらなくなったよ」と言います。

同じステージにいないということです。

上に行っても下に行ってもつまらなくなります。

つまらなくなったということは、成長したのです。

それが寂しいと思うなら、自分の成長をレベルダウンすることです。

今までの友達のレベルでいいなら自分の成長をやめて、グチ・悪口・噂話につきあえばいいのです。

友達の数を増やしたいと思うなら、ひたすらレベルを下げたほうがいいです。

ピラミッド構造なので、上のレベルに行くほど人数は少なくなります。

そこでまた友達はできますが、何百万の単位で人数は減ります。

1億人のトップ1％は100万人です。

100万人も会っていられません。

下のレベルに行けば行くほど、友達はたくさんできます。

「いいね！」や友達の数を増やしたいと思うなら、成長のレベルをどんどん下げます。

今のステージより下がると、もっと増やすことができます。

先にこれを知っておくことです。

今までの友達に「つまらなくなったね」と言われても、「成長したと思っていたのにつまらなくなっていたのか」と考える必要はないのです。

20代を楽しむ方法

12

友達の数を増やすことを、目指さない。

13 キャッチボールで、相手が離れたら、自分も離れる。

20代になると、人との距離関係を自分でとらなければならないところが急に難しくなります。

10代までは、自分との距離関係は親・友達・先生など、相手がとってくれていたのです。

20代で社会に出ると、自分が人との距離関係をとらなければならなくて悩むのです。

「謙虚でなければいけない」と言われて謙虚にしていると、「遠慮するな」と言われます。

遠慮していないのにかわいがられている人がいる一方で、自分は「君、なんかつまらないね」と言われたりします。

寄っていくと「図々しい。もっと謙虚になりなさい」と言われて、距離感がわからなくなります。

人間関係は、キャッチボールと同じです。

キャッチボールでは、２人の距離関係は常に動きます。

一定の位置ではありません。

人間関係が苦手な人は、相手が離れていくと寄っていきます。

距離を一定にしなければならないと思っているのです。

相手が離れていくと追いかけます。

もっと離れたら、もっと追いかけます。

それでストーカーと呼ばれてしまいます。

こういう人は、相手からメールの返事の回数が減った時に、自分の回数が増えます。

最も仲よしは、メールの回数が同じテンポです。

相手からメールがポンポン返ってきていたのに、ある時、返ってきませんでした。

そこで「メール読まれましたか」と送る人がいます。

これが、キャッチボールで相手が離れた時に近づいたということです。

こういう時は「今忙しいんだな」と思ってあげればいいのです。

忙しい時にメールがポンポン来るとめんどくさいです。

次に、また相手から返事が来ないと「私、何か失礼なことを言いました?」と送る人がいます。

相手はわずらわしくなって、返事を余計しにくくなります。

それで相手が離れると、「なんでそんなに冷たくするんですか」と送ったりします。

怒ったり、謝ったり、距離感のとり方がわからないのです。

その人は、常に自分を中心に考えているからです。

自分からの距離感を一定にしたいと思うことを「自己中」と言います。

自分と相手の真ん中に中心を置けばいいのです。

そうすると、相手が離れたら自分も離れます。

相手が近づいたら自分も近づきます。

これが自分と相手の真ん中に中心を置くという考え方です。

キャッチボールと同じです。

キャッチボールのうまい人は、相手が離れたら「長い距離で投げたいんだな」、相手が近づいてきたら「短い距離で投げたいんだなと」と気づきます。

人間関係は一定の長さではありません。

常にゴムのように伸びたり縮んだりします。

相手の状況や気分によってどんどん変わります。

自分の中に中心を置いて、「自分から離れていく」とか「近い」と判断するのではありません。

その時々で２人の距離関係を大切にします。

20代を楽しむ方法

13

距離感の中心を、自分と相手の真ん中に置こう。

2人で一緒に重い荷物を運ぶのと同じです。

自分中心で考える人は、相手からメールの返事が返ってこなかった瞬間に、立て続けにメールを送ったりします。

これは空間感覚でもあるし、リズム感も関係します。

仲よしのカップルは、飲みに行くと、おかわりのペースが同じです。

バーテンダーさんはこれを知っていて、「この2人はつきあっていますね」とわかるそうです。

あまり仲よくないカップルは、一人が早く飲んで、もう一人はまったくおかわりしないのです。

14 相手との距離を、近づけすぎない。

20代は、職場の人間関係で困ります。

会社と仕事は好きなのに人間関係がわずらわしくて辞める人が圧倒的に多いです。

仕事が嫌いで辞めるのはまだいいです。

人間関係がイヤで辞めるのは、つらいです。

せっかく苦労して好きな会社に入って、好きな仕事をしているのに、人間関係のせいで辞めるなんて、こんな不幸なことはありません。

人間関係で悩む人の9割は、まじめで一生懸命です。

いいかげんな人は、人間関係で悩みません。

これは、まじめな人が損です。

いいかげんな人は悩みません。

10代と20代とでは、ルールが違うのです。

10代までの学校時代は、いいかげんな人は成績が悪くて、まじめで一生懸命な人は成績がいいということで成り立っていました。

20代は、「いいかげんな人が苦しまないで、まじめな人が苦しむのはどういうこと？」と、ストレスになります。

「人間関係がわずらわしい」と言う人は、相手が近づいているのではなく、自分が近づきすぎているのです。

本来、「わずらわしい」は、かまわれるからイヤだという状況です。

いいかげんな人は、相手が近づいてきても感じません。

スルーがうまくできるのです。

まじめで、距離が近づきすぎている人は、「オンとオフ」しかないのです。

いいかげんな人は、間にグラデーションがあります。

昔の電気コタツのスイッチは「切る」と「入る」の２個しかありませんでした。

現代のスイッチはスライド式です。

照明も、スライド式で明るくなったり暗くなったりします。

まじめな人は、「くっつく」と「切る」しかありません。

人間関係は、「くっつく」と「切る」の間に「離れる」があります。

この位置を持てばいいのです。

ここで「離れるって、どれぐらいの間隔なんですか」と聞く人がいます。

キャッチボールのように動くのです。

「切る」はゼロです。

「くっつく」を１００とすると、「離れる」は1から99までの間です。

0《ゼロ》か100という距離感しかないのが人間関係で悩む人です。

切らないで、離れればいいのです。

離れた時に切っていると、友達がいなくなります。

将来のチャンスも失います。

「もう二度とあなたと仕事をしない」と言った瞬間に、自分で切ってしまいます。

20代は、とりあえず離れて、切ったわけではない状態を保つことを覚えればいいのです。

そうすると、人間関係がラクになるのです。

20代を楽しむ方法
14
くっつかず、切らず、離れよう。

15

会社のつくり方がわかっても、つくりたいと思わなければ、つくらない。

「自分で会社をつくりたいんですけど、どうやって勉強すればいいですか」と聞く人がいます。

会社のつくり方は、いくらでも勉強できます。

お金がなくても、少額で簡単にできます。

25万円でできます。

日本は会社をつくる20代の若者が先進国の中で一番少ないです。

知識がないからではありません。

「しんどそう」「めんどくさそう」と、つくる気が起こらないのです。

日本でベンチャー会社をつくっている人の多くは実家が自営業です。

ベンチャー起業家は子どもの時から商店街で育ち、会社は入社するのではなく、つくるものだと当たり前に思っています。

勉強は苦手だった同級生が、20歳で親の店を半分改築して喫茶店を始めたりしています。

これで1つの会社を立ち上げているわけです。

大切なのは、方法を探すのではなく、したいのかどうかです。

そもそもしたくないことは、「方法を知ったからしたい」とは思いません。

まず、したい気持ちをどうつくるかというほうが優先です。

「会社をつくりたいんですけど、どうやってつくればいいですか」と聞く人には、「今はネットで必要事項の欄を埋めていけば立ち上げられるから」とアドバイスできます。

方法を探しているだけでは、「この人は本当はつくりたいわけじゃない。つくりたいと言ってつくらないのが好きなんだな」と思われてしまうのです。

20代を
楽しむ
方法

15

方法を探すよりも、したい気持ちを持とう。

16

いつでも辞められるカードを持ちながら、続ける。

「会社を辞めたい」と言う人は、辞めればいいのです。

会社にはイヤな上司がたくさんいます。

むしろ感じのいい上司が少ないぐらいです。

ただし、「あの上司はイヤで、あの上司は好き」と言うのは、自分の都合で言っているだけです。

そもそも「イヤな上司」はいません。

自分にとってイヤな上司と、どうつきあうかが問題です。

イヤな上司とつきあうには、辞めなくていいです。

「いつでも辞められるよ」というカードを持ち続けることです。

トランプと同じです。

切り札のカードは、持っているだけで、使わなくていいのです。

使ってしまうと、次がありません。

「辞めることができない。どこかに就職できるとも限らないし」と思っていると、選択肢がゼロなので、イニシアチブがなくなります。

何を選ぶかではありません。

「この手もあるけど、別の手もとれる」という選択肢がある人は幸福感が湧いてきます。

何を選ぶかが幸福感ではありません。

中には、20代で自己破産する人もいます。

買い物の支払日が来た時にお金がなくて、別のところから借りているうちに借金が膨らんでしまうのです。

２００万円ぐらいの借金で自己破産する人も大勢います。

自己破産する人は、まじめで、親にも言えない人です。

自己破産という方法は、ネットを調べれば出てきます。

自己破産すると経歴に残ってしまうので、未来の可能性が狭まります。取れない資格があったり、仕事の採用の幅も狭まるので、安易にしないほうがいいです。

自己破産を簡単にするのは、今までの流れと同じです。

Ａの借金を返すために、Ｂから借りればいいというすごくイージーな方法で、その先、どうなるかを考えていません。

将来のことを考えないで、「自己破産という手もあります」と聞くと、「そんないい方法があるんだ」と思う人がいます。

自己破産をする人は、意外に貯金があります。

その貯金でなんとかなるのに、「これはとっておきたい」と考えるのです。

お金の不思議さは、この合理性のなさです。

第三者は「貯金で払えば、自己破産しなくていいじゃない」と考えます。

実際は、貯金で払えるのです。

貯金を残しての自己破産です。

これは、「辞めればいいじゃない」と言われても、「辞めたらどうなるかわからないから」と考える人と同じです。

今の会社の地位を残しておきたいから手放せないという感覚です。

会社が楽しいかどうかは、「いつでも辞めよう」「辞めても生きていける」という気持ちを持てるかどうかで決まります。

辞めた後にどこに行くかが見えていればいいのです。

まだ無名時代にライターのバイトをしていた時、ボロクソに言われました。

その時、「いつか売れたら、この人は手のひらを返すんだろうな」と思っていました。
今現在だけでなく、「将来、自分がこういう選択肢をとることもできる。その時にこの人の態度は変わるだろうな」と考えていればいいのです。

20代を楽しむ方法

16

選択肢を、自分が持っておこう。

17
マナーが、自信になる。自信が、マナーになる。

「自信を持つことができないんです」と言う人がいます。
自信は、気の持ちようです。
気の持ちようが一番難しいのです。
自信を持つことが簡単にできれば苦労しません。
自信は変えられなくても、マナーは変えられます。
マナーは覚えればいいだけです。
これは今日からでもできます。

初めてきちんとした場所に呼ばれた時にあたふたするのは、マナーを知らないからです。

マナーを知っていれば、初めての場所でも、あたふたしなくて済みます。

「自分がヘンなことをしていると周りの人に見られるんじゃないか」という不安感がないからです。

「自信をつけるにはどうしたらいいですか」と質問されたら、私は「自信はつけなくていいから、マナーを身につけよう」と答えます。

マナーは、20代になって知らない人と会う時に初めて必要になります。

10代までは大目に見てもらえます。

「子どもだから」という特別ルールで許されます。

20代になると、「どうも許されないんだな」ということに気づきます。

その時にマナーを覚えていけば、それだけで自信が生まれるのです。

20代を楽しむ方法

17

自信の前に、マナーを身につけよう。

18 服装をきちんとすると、余裕が生まれる。

20代は、苦手な人とも、つきあわなければなりません。

たとえば、苦手な上司・苦手なお客様・苦手な取引先に行く時に緊張する人がいます。

それは、余裕がないからです。

余裕を生むコツは、服装です。

服装をきちんとするだけで圧倒的な余裕になります。

塾の先生をしている人が、「この間、マッサージに行ったら、受付の女性の感じが凄くいいんです。やっぱりスーツは大事ですね」と言っていました。

スーツを着て行った時に相手がニコニコしていると、スーツに対して好評価を得られたと解釈できます。

ジャージで行って相手にニコニコされると、「笑われた。何かついていたかな」という解釈になるのです。

これが服装の違いです。

「きちんとした服装をしていたら受付の女性がニコニコしてくれた」というのは、相手の表情を見る余裕があったということです。

服装がきちんとしていないと、「見られたらどうしよう。早く隠れたい」という気持ちでアイコンタクトがとれません。

そのため、相手のニコニコしているところを見ることができません。

別のことでケラケラ笑っている人がいると、「今、自分が笑われたかな」という解釈になります。

これは、きちんとした服装で行くかどうかで変わります。

実際、サービス業をしている人間は、お客様がきちんとした服装で来てくれるとうれしいので、きちんとした応対をするようになります。

そもそもきちんとした応対をしている以上に、それにまつわるいろいろなことが好循環になるのです。

20代を楽しむ方法

18

きちんとした服装で、余裕を持とう。

19 教わったほうが、早い。

いろいろな技術とか知識を覚えなければならない時は、教わるのがベストです。

「教えてください」と言えるかどうかです。

料理研究家の土井善晴先生は、フランス修業から帰ってきて、お漬物の盛りつけ方を知りたいからと、日本一の料亭に修業に行きました。

料亭での修業は、昔ながらに「背中で覚えろ。技は盗め」で教えてくれません。

その時、普通なら技を盗もうとします。

土井先生は、死ぬほど質問したそうです。

ここが凄いです。

実際、背中を見て覚えたり、盗んだりするより、聞くほうが圧倒的に早いです。

「聞いたからダメなヤツ」とは思われません。

ただし、聞き方が大切です。

めんどくさいと思われるのは、「どうしたらいいですか」と聞くことです。

「これ、こうしてみようと思うんですけど、どうですか」と聞くのはいいです。

自分の仮説を持って聞けば相手は教えてくれます。

仮説も考えず、何も調べないで聞くのはNGです。

一番ダメなのは、「そんなことはネットにいくらでも出ているだろう」という内容を質問することです。

教える側からすると、「自分はネットがわりにされた」と思います。

私が個人レッスンで指導する時でも、「今度、ベッドを買おうと思うんですけど、どこが安いですか。いくらぐらいですかね」と質問されることがあります。

これは時間とお金のムダづかいです。

「そんなのネットで見ればわかるだろう。むしろ、こっちが聞きたいわ」と、ツッコみたくなります。

ネットでは学べないことを、教わっていくことが大切なのです。

20代を楽しむ方法

19

仮説を持って、教わろう。

20

シェフになりたければ、まずウエイターになって、お客様の気持ちを知る。

「シェフになりたいと思ってレストランに入ったので料理を教えて欲しい。ウエイターばかりやらされるので辞めようかな」と悩む人がいます。

悩む前に、なぜ自分がウエイターをさせられているのかを気づく必要があります。

そこで辞める人も多いです。

そうすると、シェフは「この人はシェフになるセンスがなかったな」と判断します。

ウエイターをさせてテストしているのです。

ウエイターは、お客様に接しているので、お客様の気持ちがわかるようになり

ます。

シェフになると、ウエイターが間に挟まるので、お客様の気持ちがわかりにくくなります。

お客様の気持ちがわからないままシェフになると、シェフとして失敗します。

まず、ウエイターを通してお客様の気持ちがわかるように教えようとしているのです。

「憧れの会社に入ったんだけど、裏方の仕事ばかりで、花形の仕事をさせてもらえない」

「本をつくりたいと思って出版社に入ったのに、営業に回されている」

と、文句を言う人がいます。

本をつくるためには、つくられた本がどういうふうにお客様の手に渡るのか、それは本屋さんやお客様にどう受け止められるのかを学ぶことが必要です。

それなのに、「自分はこの会社を辞めて、最初から編集の仕事をやらせてもらうところに移る」という人は、せっかくのチャンスを放棄しています。

成長する人は、できるだけ直接関係のない仕事や裏方の仕事を通して、将来、「この人はそれをしていたから、今の仕事ができるんだな」と言われるようになります。

やがて自分のしたい仕事ができた時に、それまでどういう仕事をしてきたかで勝負がつきます。

たとえば、銀座のクラブのママさんになって成功する人は、売れっ子ではなかった人です。

売れっ子出身のママさんは、意外に苦戦すると言われます。

1つのクラブで働いているホステスさんの中で、売れっ子は10人に1人です。

10人に9人は売れっ子ではないのです。

ママさんになると、10人使っていかなければなりません。

自分が売れっ子だった人は、売れっ子の気持ちはわかっても、売れっ子でない人たちの気持ちはわかりません。

これでは10人のモチベーションを上げていくことができなくなります。
今、やりたい仕事と関係ない仕事をしていると思っても、それをいずれ生かしていくことが大切なのです。

20代を楽しむ方法

20

「裏方の仕事」もすすんでしよう。

21

知識がないのではない。興味がないだけだ。

「したい仕事があるんですけど、なかなか知識も技術も足りないんです」と言う人がいます。

20代は勉強と体験の量が圧倒的に負けているのです。

そこで唯一上の世代に勝てるのは、興味です。

興味は同じレベルだからです。

興味から、発想が生まれます。

興味がない人に発想は生まれません。

知識・体験から生まれる発想もあります。

逆に、知識・体験が邪魔して発想が出なくなることもあります。

「本とはこういうものだ」という先入観があると、「こういう本はつくれない」となったりします。

知識・体験がプラスにもマイナスにも転ぶのが発想です。

発想を生み出すための勝負は興味です。

20代は、知識をつけるより、いろいろなことに興味を持てばいいのです。

20代を楽しむ方法

21

知識より、興味を持とう。

22

時給のためにすると、時間を売ることになる。体験のためにすると、未来を買うことになる。

アルバイトの人が勤め先の食材をおもちゃにしてSNSに上げたりする「バイトテロ」があちこちで起きています。

あれは自分の顔も名前も出てしまいます。

バイトテロをすると、自分の将来の勤め先がなくなると考えたらできないはずです。

バイトテロをする人は、１時間何百円という時給のために働いています。時給の金額は上がらないので、楽しめる遊びをＳＮＳに上げて「いいね！」がたくさん出ればいいかなというところで帳尻を合わせようとするのです。

これは、企業の社長からすると理解できません。

社長は時給や給料のためではなく、お客様のために働いているからです。

時給のために働く人とお客様のために働く人にくっきり分かれます。

これは正社員でも同じです。

月給のために働いている人とお客様のために働いている人で圧倒的な差が出ます。

アルバイトがいい・悪いということではありません。

体験を積むために、いろいろなアルバイトをしておいたほうがいいです。

その体験が正社員になった時に役立ちます。

正社員になって仕事でうまくいく人は、アルバイト時代からお客様のために働いているのです。

20代を楽しむ方法

22

アルバイトは、体験を積むためにしよう。

23 アルバイトでも、工夫をすると、楽しくなる。

パークホテル東京宿泊支配人の一之宮正臣さんは、高校時代に長野県のガソリンスタンドでアルバイトしていたそうです。

今でも地方のガソリンスタンドはツケで支払います。

近所の人しか来ないので、サインだけしてもらって、1カ月まとめて払う形です。

いつも来る人だから名前を先に書いて、サインだけしてもらいます。

お客様の顔だけでなく、車種やナンバーもあるので覚えやすいです。

観光の人には、「今の見どころは○○のもみじできれいですよ」とか「○○でお祭りをしていますよ」「道の駅で最近人気のものがありますよ」という情報を与えます。

本来、アルバイトでしなくていい仕事でも、工夫をするから楽しくなるのです。

その時点で、その人はホテルマンです。

働き方は、選べます。

働き方とは、正社員か、非正規社員かではありません。

工夫をするか、しないかです。

工夫をしていると、幸福感が上がります。

工夫をしている人は、正社員に採用されるようになっていきます。

仕事を選ぶより、どういう働き方をするかを自分で選ぶほうが大切なのです。

20代を楽しむ方法

23

お客様を、覚えよう。

24

的を見るより、射る人を見る。

T子さんは21歳で、バーテンダーになりたくてバーを体験で回っています。

バーテンダーさんの手に注目して一生懸命見ていると、「おつくりしますから、大丈夫ですよ」と言われました。

手をのぞき込むと、「自分の分をつくっているのか。早くつくってよ」と催促したことになります。

そのバーテンダーさんは、T子さんがバーテンダーになりたいことはわかっています。

「そんなにのぞき込まなくても大丈夫ですよ」というのではなく、「もっと全体を見たほうがいい」と教えてくれたのです。

ダンスを習いに来る人にも、「動画を撮っていいですか」と言って、足元だけ撮る人がいます。

足元だけ撮っても、何もわかりません。

習い方の下手な人は、視野が狭いです。

広く見た時に、コツがわかります。

クロースアップマジシャンの前田知洋さんは、「どうぞ調べてください。怪しいですか」とトランプを調べさせます。

この時、「なんかタネがあるに違いない」と、みんなが前に寄ります。

その時点でひっかかるのです。

下がればわかるのに、前に寄るから視野が狭くなってトリックにかかるのです。

仕事ができる人の技は、近づけば近づくほどわかりません。

下がってみた時に「こんなこともしている」「あんなこともしている」と、気づきます。

これはスポーツのセンスと同じです。

サッカーができない人は、ボールばかり見てしまいます。

一流のサッカー選手はボールを見ていません。

全体がどうなっているかを見ていれば、ボールがどこにあるかが大体わかります。

弓を習いに来た人で、的ばかり見る人はセンスがありません。

的に当たったかどうかはどちらでもいいのです。

それより、弓を射ている人を見てマネします。

的を見ても、的に当てることをマネすることはできません。

ボウリングも同じです。

本当にボウリングが好きな人は、ボウラーの投げ方を見ます。

倒れるピンの本数やボールの動きは見ていません。

「こうやって投げるのか」とフォームを見て、結果を見ないことが習う時に大切なことです。

結果をマネしようと思ってもできません。

結果より、「あの人は何をしてうまくいっているのか」という原因に注目します。

うまくいくためにしていた仕込みのところをマネすればいいのです。

20代を楽しむ方法

24

結果より、原因をマネしよう。

第3章

「どんな人になりたいか」で、今日すべきことが変わる。

25

「どんな人になりたいか」で、今日すべきことが変わる。

どういう人になりたいかで、服装は変わります。

「服装を見て欲しいんですけど、どういう服装にすればいいですか」と聞く人がいます。

「こういう人になりたければ、こういう服装がきちんとしている」と言うことはできます。

それがなくて「きちんとした服装」というものはないのです。

「どんな人になりたいの?」と聞くと、「どんな人だろう……」と、考え込む人がいます。

多くの人は、「あんな職業をしてみたい」「こんな職業をしてみたい」と言います。

「どんな人になりたいか」と聞かれると、答えられないのです。

「作家になりたい」

と言いながら、

「どんな本を書きたいの？」

と聞くと、

「いや、わからない。どんな本が売れるんですか」

と、聞かれることがよくあります。

そういう人に編集者は本の依頼をしません。

作家自身が成し遂げたものや、作家から学びたいと思うものがないと本は売れないからです。

「作家になりたいけれども、何を書けば売れるかを探している」と言う人は、肩書が欲しいだけです。

肩書は、名刺にすれば簡単です。

どんな人になりたいかを決めないと、まず服装が決められません。

どうでもいい服装をしている人は、どんな人になりたいかが決まっていないのです。

20代を楽しむ方法

25

服装を決めるには、「どんな人になりたいか」を決めよう。

26

調子のいい時は、変われない。逆境は、生まれ変わるチャンス。

20代で、コロナの時代を迎えているのは、いわば逆境です。
大学も会社も、リモートです。
せっかく勉強して大学に入ったのに、大学に入った実感が何もありません。
リアルに先生に触れていないから、ＴＶ講座を見ているのと同じなのです。
まさに逆境です。
逆境は、生まれ変わるチャンスです。
20代になった時に、今までの延長線上で生きようとすると、どこかで行き詰まります。

20代ですることは、生まれ変わりです。

生まれ変われることはチャンスです。

今までの人間関係が1回入れ替わるからです。

転校と同じです。

学校時代、お父さんの仕事の関係で転校が多い人は、鹿児島にいた時と青森にいた時でキャラが全然違うということが起こります。

キャラ転換が簡単にできるのは、知った人間がいないからです。

かわいそうに、小学校から附属で、そのまま小・中・高、大学と上がっていった人はキャラ転換ができません。

小学校時代についたあだ名が、そのまま大学時代まで続きます。

小学校時代にお漏らししたことを、ずっと大学時代まで言われるのです。

たとえば、大手企業に入ったと思ったら、いきなり地方に転勤になります。

20代を楽しむ方法

26

逆境を、キャラ転換のチャンスにしよう。

これを逆境と言っていますが、なんのことはない、環境変化です。
ただ、変わったのです。
今まで東京暮らしだったのが、いきなり青森暮らしになっただけのことです。
それを「逆境」と呼んだら、青森の人に悪いです。
青森の人が東京へ出てくるのも、逆境と言えば逆境です。
環境が変化することで、キャラ転換ができます。
生まれ変わるといっても、大げさなことではありません。
キャラ転換に生かすのです。

27

「こんなふうに教わってきたから」と言いわけするのは、親に甘えているだけ。

会社へ入ると、「親や学校で教わってきたこと」と違うことを言われます。

その時に、「それはしてはいけないと親に教わってきた」と言う人がいます。

たとえば、音楽を教える中で、「指でパチンとクリックしてごらん。これで音楽のリズム感がついて、スポーツがうまくできるようになるから」と言ったら、「いや、指は鳴らしてはいけないと親に教わったから」と言うのです。

この人は、いつまでも言いわけを親に持っていきます。

10代までは、「親がこう言った」とか「先生がこう言った」と言っていいのです。

その時点でも、すでに自立している人はそれを言いません。

自立とは、責任転嫁しないこと、言いわけをしないことです。

責任を自分で背負えるのが自立です。

せっかく「これはこうしたほうがいいよ」と教えているのに、「でも、今までこういうふうに教わってきたんです」と言う人は、「じゃ、そうすれば」と言われます。

その時点で教えてくれる人を失います。

20代で一番痛いのは、教えてくれる人がいなくなることです。

教える側は、義務ではなく好意で教えています。

そもそも教えるのはめんどくさいことです。

それを拒絶したら、「じゃ、自分のしたいようにすればいいね」と言われても仕方ありません。

教える側からすると、ここで「助かった」という気持ちが少しあります。

手間が省けるからです。

「教えてください」とお願いされると、「めんどくさいけど、一生懸命教えよう」という気持ちでなんとか成り立っているのです。

「こうしてみたら」とアドバイスした時、「でも……」と言われると、すでに自分がやりたいことが決まってるなら、それをすればいいじゃないと、思われてしまいます。

「時間がないから」「お金がないから」と言い訳するなら、時間とお金ができてからでないと、何をアドバイスしてもムダになると、思われてしまうのです。

言いわけしている人は、自分が言いわけしていることに気づいていません。

「自分の意見を主張しているだけ」と言うのですが、それが言いわけなのです。

20代を楽しむ方法

27

言いわけしている自分に、気づこう。

28 「基本」を直してもらう。「好き」は、ノータッチ。

服装は、基本が9割、好みが1割です。

本人の好みは、いじれません。

9割の基本は、みんなに共通しています。

基本を教えようとした時に、「いや、私はこっちが好きなんです」と、自分の好みを言う人は、「じゃ、それでいいよ」と言われるのです。

「スーツを買ったのでチェックしてください」と言われたら、チェックできます。

スーツは基本だからです。

Tシャツを着てくる人は、柄の問題ではありません。
柄は好みなので直しようがありません。
そもそもTシャツを着てくることが間違いなのです。
基本と好みを、きちんと区別します。
教わるのは、基本です。
好みは自分でつくれます。
20代で失敗しがちなのは、基本ではなく好みを人に教わろうとすることです。
これは聞き方を間違っているのです。

20代を楽しむ方法

28

「基本」を教わろう。

29
問題意識がないと、体験はムダになる。

「体験をたくさんしたほうがいいと思って、頑張って体験しているんです」と言う人がいます。

だけど、いまいちパッとしません。

ただ体験しただけでは体験したことにならないからです。

体験に必要なのは、問題意識です。

たとえば、先生とホテルで食事をする時は、「先生がどうしているかを見る」というのが一番大切で正しいテーマです。

オシャレなホテルに行くと、「ウワー、凄い、凄い、凄い……」と、舞い上がってしまいます。

「今日気づいたことは？」と聞いても、「いやあ、雰囲気がよかった」と言うのです。

最初のテーマはどこに行ったんだと思います。

これは体験になっていません。

オシャレなところに行けば行くほど、自分のテーマを見失います。

これを「はしゃぐ」といいます。

おいしい料理、オシャレなインテリア、オシャレな景色を見た瞬間に、ワーッと舞い上がって、お酒に酔ったような状態になるのです。

結果、本来自分がしなければいけなかったことを忘れてしまいます。

体験には、お金も時間もかかります。

それをムダ使いするのは、もったいないです。

ホテルマンになりたい人が、一流ホテルに行って雰囲気を見ていてはもったいないのです。

それは、お客様のすることとです。

「ホテルマンは、ここでこういうふうに動くんだな」

「今、インカムで何を言っていたのかな」

「メニューの説明をこういうふうにやっているな」

ということを感じ取ろうとすると、それが聞こえてきます。

問題意識のない人は、質問の仕方も下手です。

講演などで質問する時は、自分が一番聞きたいことを聞きます。

「先生は何年生まれですか」というのは、ネットでもわかります。

そんな質問をする人は、その人に興味がないのです。

興味は、自分の問題意識から生まれます。

問題意識があることで、興味がどんどん湧いてきます。
「好き」とか「嫌い」からは興味は生まれないのです。

20代を楽しむ方法

29

質問は、一番聞きたいことから聞こう。

30
グチが聞こえるカフェより、勉強しているカフェを選ぶ。

カフェで勉強する人が増えています。

カフェの選び方は、オシャレさよりも、どういうお客様がいるかで選びます。

たとえば、近くの席で冒頭から「○○さんってどう思う？」というやりとりをする人がいます。

会社のグチ・悪口・噂話から始まるのです。

ここから「あの人は凄い」という会話にはなりません。

増えてきたのは、みんなが勉強しているカフェです。

そこに行くと、環境効果、集団効果で自分も勉強したくなります。

グチが聞こえるカフェよりは、勉強しているカフェを選んだほうがいいのです。

同じカフェでも、月~金は勉強、土・日はグチというカフェもあります。

そこは土・日には行かないようにします。

インテリアがオシャレとか、コーヒーがおいしいとかではなく、そこにどういうお客様が来ているかです。

周りが遊んでいると、自分も遊んでしまうのです。

友達も、周りの友達が頑張っていると、そんなに苦労しなくても自分も頑張るようになります。

20代を楽しむ方法

30

頑張っている人のそばにいよう。

31 席は、元気な人の隣に座る。

会議室やセミナーでは、元気な人の隣に座るだけで自分に元気が伝染します。

講演の席は決まっていません。

好きなところに座ればいいのです。

元気な人が固まっているところと、元気でない人が固まっているところは、くっきり分かれます。

これは不思議です。

本人も気づいていません。

たとえば、元気な人が入ってきて、元気でない人のところに座ります。

その人はすぐに元気な人のところに動きます。

元気でない人が元気な人のところに座ると、やっぱり元気でない人のところに移動します。

そのほうが居心地がいいからです。

元気な人は元気な人が好きで、元気でない人は元気でない人が好きです。

私は当然、元気な人に向かって話すので、元気な人は、ますますエネルギーをもらえます。

元気でない人は、目線が一つも合わないのです。


大学は席が自由です。

壁ぎわに張りついて座っている人には元気でない人が多く、もらえるエネルギーが少なくなります。

前に座っている人は、エネルギーをたくさんもらえます。
前に座っているのは元気な人が多いのです。

20代を楽しむ方法

31

前に、座ろう。

32 他者承認されても、明日あるとは限らない。

「いいね！」は他者承認です。

今日、必死に「いいね！」を集めたとしても、明日はゼロになることもあります。

今日たくさん集まったからといって、明日も多いという保証は何もないのです。

動画をアップしている人は、今日はメチャクチャ再生回数が上がっても、次の日は一気に下がるということをみんな体験しています。

日々、安心せずに工夫し続けている人たちが、凄い再生回数をとっているのです。

「あの人は再生回数がいつも多い」と言いますが、再生回数が少ないものをつくっていないわけではありません。
再生回数が少ないと上がってこないから、目に入らないだけのことです。
成長は、今日した成長が明日下がることはありません。
1回成長してしまえば、そこまでは行きます。
大切なのは蓄積の利《き》くことをすることです。
仕事は、自分の力が足りなければうまくいかない。
自分に力があればうまくいきます。
工夫することによって、そこから学びを得ます。
「今度はこうしよう」と、また工夫を足すことができるのです。

20代を楽しむ方法

32

他者承認より、自己成長を目指す。

33 お客様側に回るのが、受け身、経営する側に回ろうとするのが、自発。

パチンコ好きな人が「自分はパチンコがけっこううまいので、パチプロで食べていきたいと思うんです」と言いました。

パチンコは、肉体労働です。

朝から晩まではじいているわりには実入りが少ないのです。

結局、パチプロとは言っていますが、それでは稼げません。

稼げるのは、パチンコ屋さんの側です。

パチプロを目指すなら、パチンコ屋さんのバイトをしたほうが、まだ伸びていける可能性があります。

バイトから正社員、正社員から経営者になるというパターンがあるのです。

お客様側に回るのが受け身です。経営する側に回ろうとするのが自発です。

20代は受け身と自発の分かれ目の時代です。

どちらを楽しいと考えるかです。

「自発はめんどくさい」と考える人は受け身になればいいし、「受け身なんて面白くない」と思う人は自発になればいいのです。

ただし、受け身には幸福感がありません。

蓄積が利かないので、常に明日どうなるかとハラハラするのです。

20代を楽しむ方法

33

お客様意識を、手放そう。

34

「好きなこと」とは、めんどくさくて、見返りがないのにできることだ。

20代は、好きなことを見つけることが大切です。

「好きなことを見つけたいのに、なかなか見つからないんです」と言う人がいます。

「本当にないの？」と聞くと、「ないことはないんですけど、ちょっと地味なんですよ」とか、「収入が少ないんですよ」「手間がかかるんですよ」「社会的評価が低いんですよ」と言うのです。

それは「好きなこと」ではありません。

その人が本当に好きなのは、社会的評価であり、収入です。

「好きなこと」は、めんどくさくて、見返りがないのにできることです。

「好きだけど、めんどくさいからできない」と言いますが、めんどくさくてもするのが「好きなこと」です。

根本的に「好きなこと」の定義が間違っているのです。

その人が探しているのは、好きで、手間がかからず、儲かって、社会的評価が高いものです。

それなら最初から「好き」でなくていいのです。

「儲かること」「社会的評価が高いこと」で探せば、いくらでも出てきます。

好きなことは一人一人で違います。

「私の好きなこと」を検索にかけても出てきません。

いかに見返りがないことをするかです。

印税生活に夢を描く人は多いのです。

実際は、作家は大変です。
やってみることで、それほど好きなことではなかったということがわかるのです。

20代を楽しむ方法

34

「見返りがないのにできること」をしよう。

35

「なんのために」を考えないでできることが、「好きなこと」。

「なんのために」がないのがプレゼントです。

「なんのために」が生まれた時点で、プレゼントではなく、見返りになるのです。

趣味の話をした時に「それ、なんのためにやっているんですか」と聞く人は、人間の行動にはすべて目的や理由があると思っています。

「好き」は、目的や理由を超えたところにあります。

「なんのために」という質問が、いかにつまらない質問かということです。

一方で、「目的意識を持ちなさい」とよく言われます。

目的意識をあまりにも持ちすぎることによって、「なんのために」という発想が生まれます。

面白いことは、「なんのために」がないことです。

「これは自分の今回の目的じゃないから」と切り捨てていると、面白いものに出会っても見逃してしまうのです。

20代は教わることが大切です。

教えてくれる人に「それはなんのためにするんですか」と聞いたら、教えてもらえなくなります。

「メンターがこう言うんですけど、なんのためにするのかを説明してくれないんです」という相談ごとは、メンターの定義を間違っています。

「なんのために」を聞かなくても信じてできる人がメンターです。

「なんのためにそれをするんですか」

「それをすると、どういういいことがあるんですか」

「どれぐらいの確率でできますか」

「いつぐらいにできますか」

という質問自体、メンターに対してリスペクトがないのです。

20代を楽しむ方法

35

「なんのために」を聞かない。

36 したいことに、頭金を使う。

たとえば、賃貸マンションを探しに行く時、「ここ、いいな」と思ったら1万円でもいいから頭金を払います。

不動産屋さんに1万円でも渡すと優先権になるのです。

いい物件は、みんながいいと思うので競争になります。

頭金の1万円があると負けません。

したいことがある時は、手付金を払うのです。

会社も、いろいろな研修代を持つようになりました。

これに甘えて、習いごとをする費用は誰かが払ってくれるものと思い込むと、結果として身につくものがなくなります。

自腹を切って習いに来ている人は一生懸命になります。

ビジネススクールで教えていても、会社の経費で来ている人より自腹で来ている人のほうが圧倒的にモチベーションが高いです。

もともとモチベーションがあっても、自腹を切っていないことによって自分のモチベーションを下げてしまうのです。

世の中には無料のものがたくさんあります。

モチベーションの低い人は、有料より無料を選んでしまいます。

無料でも儲かる仕組みはでき上がっています。

結果として、詐欺にかかるというパターンになるのです。

勉強は、教えている側からすると、料金を下げるとクレームが増えます。

料金を上げるとクレームが減ります。

低い料金を払っている人は、話も聞いていないし、遅れて来ます。
高い料金を払っている人は、何か持ち帰って元《もと》をとろうという気持ちでいます。
本の値段が高い・安いという議論は意味がありません。
実際、今の本は安すぎます。
明治時代や江戸時代ならもっと高いです。
そうなると、みんなはもっと懸命に読みます。
これから先、本の値段はもっと上がります。
今、1000円のものは万円の単位になります。
読む人は一生懸命読むようになるのです。

20代を楽しむ方法

36

自腹を切ろう。

37

知恵のある人から、お金を借りようとすると、知恵を借りられない。

20代が持っていないのは、知恵とお金の２つです。

あるのは時間です。

「したいことがあるんだけど」と言って、知恵とお金を借りる人を間違えないことです。

「知恵のある人」からは知恵をもらい、「お金のある人」からお金をもらうようにします。

「知恵のある人」と「お金のある人」を分ける必要があります。

たとえば、「会社をつくりたいので、中谷さん、お金貸してください」と言う人がいます。

私をお金を借りられる人と思ったのです。

この時点でセンスがありません。

それでは会社はうまくいきません。

知恵のある人間には、「知恵をください」と言うことです。

たとえば、キャバクラには、時給がよくて働いている人がいます。

将来自分でお店を持ちたくて、その開店資金を短時間で稼ぐために、6カ月間だけキャバクラで働いている人もいます。

そういう人は、「中谷さん、これからお花屋さんをしようと思うんですが、何に気をつければいいですか」と聞きます。

借金を返すためにキャバクラで働いている人は、「ボトル入れてください」「フルーツを頼んでください」と言います。

生きるための知恵を持っている人から知恵をもらわないのは損です。

お金を持っている人は世の中にたくさんいます。

貴重なのは、知恵を持っている人です。

知恵を持つ人に出会った時は知恵をもらわなければ、結局うまくいきません。

将来、何をするにも、とにかくお金が必要になります。

「今月までの支払いができないと会社がつぶれる」となった時に、「お金を貸してください」と私のところに来た人がいました。

前から知っている人で、熱意もあって一生懸命やっています。

海外の会社で工場をつくってだまされたというかわいそうな展開です。

今までは私の知恵を借りていた人がお金を借りに来たので、「よほど資金的に大変なんだな」という状況はわかりました。

私がお金を貸したことでラクに生き延びると、来年もっとつらい展開になります。

その時、私は「いいよ。そのかわり、かわいそうな展開にしたくないから社長を辞めてください。経営者は別のところから呼んで来てください」と厳しい意見を伝えました。

結果として、その人は私の思いを理解して借金しないで乗り越えました。

今でも会社経営をしています。

人生においては、お金を借りる人と知恵を借りる人を見極める必要があります。

知恵を持っている人には、しがみつくことです。

お金を貸してくれる人はたくさんいます。

知恵とお金がある時、お金に飛びつかないことが大切なのです。

20代を楽しむ方法

37

知恵を借りる人と、お金を借りる人を見極めよう。

第4章

20代は仕事を通して、成長と信用の2つを手に入れる。

38

仕事を通して、成長と信用の2つを手に入れる。

仕事を通して、お金と評価・称賛が得られます。

それ以外に得られるものは、一つは自分の成長、もう一つは信用です。

一つ一つの仕事は、「信用」で手に入れられます。

信用は、失敗した後のリカバリーをどれだけ頑張れるかで手に入れることができます。

たとえば、習いごとをしている人で、大会で負けたらしばらく練習に来ない人がいます。

大会の前は必死で練習に来ていたのに、大会が終わったらパタッと来なくなるのです。

そういう人は信用されません。

大会の前も後もコツコツ同じペースで練習に来ている人は信用されます。

大会で負けた後も頑張って練習している人も信用できます。


プロテストの前にあんなに練習していた人が、プロテストに落ちた後はまったく練習しないことがあります。

その人は来年も難しいです。

これで信用を落とすのです。

信用とは、こういうことです。


信用は、うまくいっている時ではなく、うまくいかない時に生まれます。

コツコツと信用を積み重ねておくと、その先で失敗しても許してもらえます。

20代は、失敗の時代です。

失敗を許してもらえるかどうかは、それまでにどれだけ信用を蓄積してきたかで分かれるのです。

20代を楽しむ方法

38

他者評価より、信用を手に入れよう。

39 大人になるとは、「かまってちゃん」を抜け出すことだ。

20代は、大人です。

10代までは、かまってもらえました。

大人になると、かまってもらえなくなります。

同じ小学生でも、大人と子どもがいます。

授業でわからないことに出会った時に、一人の子は「これはどういうことかな」と考えています。

もう一人の子は「わからない！」と叫んでいます。

この子は「かまってちゃん」です。

「私をかまって」と言っているのです。

これが20代になっても、まだいるのです。

集合時間を決めて待ち合わせをする時に、一番最後に来る人は「かまってちゃん」です。


自分が来た時に「さあ、行きますか」と言われたら、自分が一番最後だったことがわかります。


普通は「すみません、お待たせしました」と、謝るところです。

その人は、自分が人を待たせたことに気づいていないのではありません。

かまって欲しくて、わざと遅れるのです。


合コンでも「かまってちゃん」は遅れて来ます。

「ゴメーン」と言いながら遅れて来て、みんなに「大丈夫、大丈夫」と言われるところでかまってもらおうとしています。
これは幼児化現象です。
「かまってちゃん」は、受け身です。
人を待つより、人を待たせることで安心しようとするのです。
この人は幸せ感がどんどん低下していきます。

社会では、遅れると先に行かれます。

修学旅行のマイナスは、待ってもらえることです。
中谷塾の遠足は、時間通りに出発します。
時間に遅れるのは自己責任です。
待つことによって、「待ってもらえる」という甘えが起こります。
それがほかのところに不具合を生みます。
その人にとってマイナスの教育になるのです。

「わからない」と騒ぐのは、「かまって」と言うのと同じです。
黙って考えている人は、わかろうとしています。
「わからない」と騒ぐ人は、わかろうとしていないのです。

20代を楽しむ方法

39

「わからない」と騒がず、わかろうとしよう。

40 幼児的な人は、幼児的な人が好き。成長する人は、成長する人が好き。

成長したいかどうかは、好きずきです。

「なんで成長なんかする必要があるのか」と考える人がいます。

成長が嫌いな人がいるのです。

成長するとかまってもらえなくなるから、あえて自分を幼児化します。

そのほうがかわいがってもらえるのです。

20代で幼児化している人を、かまう人もいます。

その人も「かまってちゃん」です。

成長する相手とつきあうのがイヤなのです。

これは恋愛でよく起こりがちです。

「やっぱり男の人って『かまってちゃん』のほうが好きなんだな」というのは、間違った解釈です。

男性全体がそうなのではありません。

幼児的な人は、幼児的な人が好きです。

成長する人は、成長する人が好きです。

幼児的な人が、成長する人とつきあうことは、ないのです。

20代を楽しむ方法

40

成長する相手とつきあおう。

41 お客さんになるより、弟子になる。

20代は、「お客様」と「弟子」の2通りがいます。

お客様になると、かまってくれます。

弟子になると、厳しくされます。

チヤホヤされたければお客様になればいいし、弟子になりたければ厳しくしてもらえばいいのです。

これは自分が選べます。

サービス業サイドの人は、その人が弟子的なスタンスで来ているか、お客様的なスタンスで来ているかを見抜いて、その対応を使い分けています。

チヤホヤされるのがＶＩＰ待遇だと思ったら、勘違いです。

それは子ども扱いされているだけです。

ビジネススクールで教えていると、「先生、もっとほめてください」と言う人がいます。

その人はビジネススクールにほめてもらいに来ています。

小学校スタイルのほめるコースでも教えられます。

ただし、起業家になりたい人には厳しくするコースで教えます。

ほめていても成長しないので、会社をつくっても倒産してしまうからです。

教える人によってそれを使い分けています。

ここでは言葉にしましたが、実際は無言でそれをしています。

チヤホヤされたくて来ているのか、成長を求めて厳しくしてもらいに来ているのかで、見事に使い分けるのがサービスマンの怖さです。

職人は厳しくしかできないのです。

チヤホヤされている人は、自分が子ども扱いされていることに気づいていません。

全員がチヤホヤされているならまだいいですが、実際は厳しくしてもらっている人もいるのです。

一流のお店の人は、サービスマンである以前に職人です。

私が20代で料亭に行った時に、女将さんに、お造りのお刺身に添えてある大根のけんを食べていないとお皿を下げてもらえませんでした。

それは「一緒に食べないと健康になれませんよ」ということです。

これが「厳しく」です。

間違っていることは、その人の未来のために、間違っていると教えるのが、厳しさです。

社会では、上司と部下、先生と生徒、お店とお客様の関係で常にこれが成り立っています。

厳しく教えてもらえなくなるのが最も辛いことなのです。

20代は、厳しくしてもらえなくもなります。

20代を楽しむ方法

41

チヤホヤされるより、厳しくしてもらおう。

42 「きちんとしたダサい人」より、「ヘンな人」になる。

「きちんとしたマナーをしていると、20代のコミュニティーでは浮いてしまって、ヘンな人だと思われませんか」という質問をされました。

思われます。

20代で敬語を使って、きちんとした言葉、きちんとした服装、きちんとした姿勢をしている人は数が少ないからです。

数が少ないほうが「ヘンな人」です。

「ヘンな人」と言われるのがイヤなら、「きちんとしたダサい人」になればいいのです。

ヘンな人をとるか、ダサい人をとるかという選択肢です。

これは好みなので上下関係はありません。

「きちんとしたダサい人」と「きちんとしたヘンな人」がいるだけです。

ダサい人ほどきちんとしたがるし、きちんとダサくすることはできています。

「ヘンな人」と言われたらどうしようと、恐れる必要はありません。

きちんとした言葉を使って「ヘンな人」と言われるのは、今まで所属していたグループの中で言われているだけです。

上の集団に行くと、きちんとした言葉を使わないほうがダサい人になるのです。

20代を楽しむ方法

42

「ヘンな人」と言われることを、恐れない。

43 体験から生まれた実感が、個性になる。

個性は、体験から生まれます。
体験から得られた実感が、個性になります。
体験の数が圧倒的に減るのがネット社会です。
わざわざコンサートに行かなくても、動画で観ることができるのです。
コンサートと動画には圧倒的な違いがあります。
動画は空気の振動が伝わりません。
テクニックの凄さはわかりますが、空気の振動の凄さを体験できないのです。

空気の振動を毛穴で感じることが「実感」です。

画面で観るものは、奥行きがなく、平板です。

聞こえない音は、カットされています。

20ヘルツ未満の音と20000ヘルツ以上の音はノイズとして、CDには最初から入れていません。

実際は、人間は脳で処理できない音も聞いています。

聞こえない部分に人間に影響を与える音があるのです。

自然の中にいると心地いいのは、自然空間の聞こえない音も体が感じているからです。

これが一次体験です。

山とか海に行くと、自分では認識していない音まで全部聞こえてくるのです。

ネット上の動画は、リアルによくできています。

それはすべて、二次的なまた聞き体験です。

情報化社会は、一次体験が減って二次体験が増える社会です。

10代はできる体験に制限を受けるので、一次体験の幅は限られます。

個人差が一番大きいのは、20代の一次体験です。

20代でどれだけ一次体験をたくさんしたかが、その人の一生を決めるのです。

わけのわからない、「なんだ、これは」という体験が、その人の個性になり、感受性の豊かさになります。

20代で一次体験ができるチャンスが生まれます。

にもかかわらず、10代でもできる二次体験だけで終わっている人はチャンスを逃すのです。

30代になると、家族ができて、一次体験をする機会が減るようになります。

20代の10年間は、一次体験に制限を受けない貴重な瞬間です。

いつでもできると思っていたら、大間違いです。
結婚して子どもができたら、冒険はできません。
そうなって初めて、「あの時やっておけばよかった」と思うのです。

20代を楽しむ方法

43

また聞き体験を、卒業しよう。

44 説明より、共感する。

20代で身につけることは、コミュニケーション能力です。

コミュニケーション能力とは、考え方が違う人とわかり合えて、落としどころまで歩み寄れることです。

これは私が大学時代に文化人類学者の西江雅之先生に一番最初に教わったことです。

「話が合わない」と言って怒っている人がよくいます。

それは「I can't speak English」と言うのと同じぐらい不思議です。

「話が合わない」と言うのは、通じ合っていないことはわかっています。
本当に話が合わなければ、通じ合っているかどうかもわからないのです。

20代は、いろんな価値観の人と出会います。
20代の間に、できるだけコミュニケーション能力をつけておくことです。
自分はコミュニケーション能力があると思っている人の多くは勘違いしています。

そのコミュニケーション能力は説明能力です。
コミュニケーションには、「説明」と「共感」の2通りがあります。

共感がどれだけできるかが、その人が仕事ができるようになるか、恋愛ができるようになるかの分かれ目です。

恋人ができないタイプの人は、共通して会話がすべて説明で、共感がないのです。
10代の間は、親や先生が「うん、わかるわかる」と共感してくれます。

20代を楽しむ方法

44

自発で、共感しよう。

自分から共感する必要はありません。

10代は、わかってくれるかくれないかという軸の中で生きていて、「わかって欲しい」と、相手に共感を求めるのです。

共感は、自発的行為です。

自分から共感するのが本当の共感です。

受け身同士ではなく、自発同士ですることなのです。

45

「うれしい」「楽しい」「おいしい」「気持ちいい」を使えるようにする。

おいしい料理を食べた時、「おいしい」と言うのが共感です。
それに対して、オヤジは「いい味がつけてある」と言います。
「誰目線なの？」と言いたくなります。
これは上から目線の説明言葉です。
共感は、常に水平です。
プレゼントをもらった時に、「感謝します」と言うのは説明です。
「私は感謝している」ということを説明しているのです。

「ありがとう」も共感ではありません。

ここでの共感言葉は、「うれしい」です。

「うれしい」に比べると、「ありがとう」は、なんと冷たい言葉かと思います。

さらに冷たいのが「感謝します」です。

共感は感情から生まれます。

感情のもとは驚きです。

「うれしい」「おいしい」「楽しい」「気持ちいい」の４つを使えるようにすることが大切です。

間違えやすいですが、「うれしいです」は説明です。


「好き」を「好きです」と言ってしまう人は、感情を隠して生きています。


「好き」は、感情です。

「好きです」は、感情を隠した説明です。

感情を出すのは恥ずかしいことですが、20代で感情言葉を出しておかないと、永遠に出せなくなります。
オヤジが横柄なのは、20代で感情言葉を口に出していなかったからなのです。

20代を楽しむ方法

45

驚きを、共有しよう。

46 商品を説明するより、商品を通して、お客様との会話を楽しむ。

仕事でお客様に商品を提供することがあります。

その商品がお客様に売れない原因は、たった一つです。

商品の説明に一生懸命で、お客様と話していないからです。

お客様は、商品を通して、自分と話して欲しいのです。

まじめで一生懸命な人は、「この商品のメリットはですね、まず……」と、とうとうと語ります。

そもそも説明が好きなのです。

お客様が「子どももそろそろ入学なんですよ」と言った時に、「あ、そうなんですか。おいくつですか。男の子？　女の子？」という会話になっていくのがナチュラルな展開です。

「そういうお子様でしたら、商品はですね……」と言って商品説明に戻られると、冷たく感じるのです。

アートを売りにするホテルが増えてきました。

まじめなホテルマンは、一生懸命そのアートの説明をします。

お客様が「そう言えば、海外旅行をした時にこの絵を見たことがある」と言った時に、「どちらへ行かれたんですか」「○○です」「ウワー、いいな。行ってみたいな。どんな感じのところですか」となるのが共感であり、お客様との会話です。

「そうですね。そちらの国でも有名ですね」と、淡々と説明されると、お客様はガッカリします。

それは誰に対しても同じ説明です。

20代を楽しむ方法

46

お客様に、興味を持とう。

自分と会話してもらっている感はありません。
説明する人は、お客様に興味がないのです。
究極、人間に興味がないのです。
人間は、興味のないものに恐怖を感じます。
たとえば、「ヘビが怖い」と言っている人は、ヘビに興味がありません。
「お化けが怖い」と言っている人は、お化けに興味がありません。
興味のある人は恐怖を感じません。
ビクビクする人は、人間に対して興味を持っていません。
相手は攻撃していないのに、自分が勝手に恐怖を感じているのです。

47

「できていない」ではない。「できつつある」のだ。

「頑張っていろんなことをしようと思っているんだけど、なかなかできないんです」と言う人がいます。

それは「できない」ではなく「できつつある」と解釈します。

１００％できて初めて「できる」と言えるのです。

80％までできていることを、いかにムダにしないかです。

結果とプロセスがある時は、プロセスのほうを大切にします。

10代は、結果がすぐ出ます。

20代は、結果がすぐ出ません。

ここが10代と20代との圧倒的な違いです。

20代は、していることも大きいし、要素もたくさんあるからです。

これが学校時代とまったく違うところです。

20代で結果を求めると、メチャクチャしんどくなります。

結果が出ないなら、プロセスを楽しめばいいのです。

「おかしいな。10代はすぐ結果が出たのに」と思っていると、結果がなかなか出ない時に、「これは意味がないんじゃないか」「こんなことをしてどういう意味があるんだろう」と、無意味感を感じます。

その人はプロセスを楽しんでいないのです。

意味は、結果にはありません。

結果は、あくまでも結果です。

「ここでこれをすることで、こういうことを覚えた」というのがプロセスです。

楽しめるのはプロセスなのです。

20代を楽しむ方法

47

結果より、プロセスを楽しもう。

第5章

20代の運は、想定外のトラブルのド真ん中にある。

48

モチベーションは、プロセスで上がる。

予備校時代に私が好きになったグアテマラ生まれの女性は、美術史学科志望でした。

その子と話したくて、私は東京で開催している展覧会を片っぱしから見て回りました。

家からも画集を送ってもらって、予備校の寮で絵画を勉強していました。

結果は、その子ともつきあっていないし、大学も落ちています。

だけど、私の中には美術の知識が残りました。

勉強しなければいけない予備校時代に、半ば逃避も入りながらの行動は凄いエネルギーです。

そこで見た美術の知識、なまでの展覧会の栄養は、今の私の中に入っています。

面白いのは、結果よりもプロセスです。

高1の時は、スペイン語の授業を1時間とっていました。

その時に好きだった女の子がメキシコ生まれだったからです。

結局、その子とはつきあっていませんが、スペイン語が私の中に残りました。

結果で判断すると、モチベーションは下がります。

モチベーションはプロセスで上がるのです。

20代を楽しむ方法

48

結果で判断しない。

49

幸せより、幸せ感。幸せ感より、幸せの予感が大きい。

充実しているかどうかは、結局、「幸せ」よりも「幸せ感」によります。
幸せでも幸せ感を感じていない人がいます。
幸せじゃないのに幸せ感を感じている人もいます。
「幸せを感じていない」というのは、幸せ感を感じていないということです。
物理的な幸せ感を感じていない人のほうが生活は豊かで、はるかに幸せです。
幸せと幸せ感は連動していないのです。
もっと貧しい国のほうが幸せなのは、幸せ感を感じているからです。

幸せになりたいのか、幸せ感を感じたいのかで、目標が分かれます。
「幸せ感」の上が「幸せの予感」です。
お店に入って一番おいしい時間は、料理を食べた瞬間ではありません。
出てくるまでの時間、においだけかいでいる時間です。
もっと言うと、朝から「今日はお昼に何を食べよう」と考えている時間です。
店も決まっていないので、あれもあるな、あれもあるな、あれもあるな……と、
無限に楽しめるのです。
食べてしまったら、そこまでです。
そのものの味でしかありません。
満腹感も来て、もういいやということになります。
実際においしいのは、一口目だけです。
二口目からは、どんどんおいしさが下がってきます。
20代は幸せの予感の時代です。

まだ店も決まっていません。

ほかの人の幸せはマネできません。

幸せ感は個人の感覚です。

豊かな暮らしをして、たくさん収入があるから幸せとは限らないのです。

幸せ感は、手にとることはできないし、形のないものです。

羨むというか、嫉妬心は幸せ感をマネしようとするところから生まれます。

それよりも、自分が幸せよりも幸せ感、幸せ感よりも幸せの予感を味わえるようになることが大切なのです。

20代を楽しむ方法

49

他者の幸せ感をマネしようとしない。

50 イヤな対応をされたら、「気を使わずに済んだ」と考える。

人間関係において、イヤな対応をされた時はムッとします。
そこでムッとする必要はありません。
考え方の枠組みを変えればいいのです。
私は、そういう時に「ハイ、わかりました」と言っています。
私の口グセは「ハイ、わかりました」です。
これでこの人に気を使わずに済むのです。
サービス精神のある人は、すべての人に気を使おうとします。

それではエネルギーを消耗して疲れます。

相手がイヤな対応をするのは、気を使われることを求めていないということです。キャッチボールで離れたのだから、こちらも「かまって欲しくないんだな」と考えて離れればいいのです。

時間と精神的なエネルギーを消耗しなくて済んだので、「ありがとう」と言いたいぐらいです。

その分のエネルギーを感じのいい人に回せばいいのです。

相手によって、見た目の対応は何も変わっていません。

イヤな対応の人に対して、むしろ優しく接するという感覚なのです。

20代を楽しむ方法

50

イヤな対応に、イヤな対応で返さない。

51 運は、想定外のトラブルのド真ん中にある。

運をつかめる人と、つかめない人がいます。
これを「運」と呼んでいいのかどうかは微妙な問題です。
原因と関係なく発生していることが、運です。
原因があって起こることは、運ではなく、結果です。
結果と運との違いは、原因があるかないかの違いです。
「同世代なのに、なんであの人だけ運がいいのか」と思うことがあります。
それは原因が違うのです。

運がいい人は想定外のトラブルから逃げてこなかったのです。

20代は想定外のトラブルが常に起こります。

体験量が少ないので、圧倒的に想定の幅が狭いからです。

30代、40代になると経験量が増えて、想定の幅が広がっていきます。

経験量の差は仕方ないのです。

想定外のトラブルから逃げた人は、運をつかめません。

運は想定外のトラブルの中にあります。

しかも、端っこではなく、ド真ん中にあるのです。

運をつかんだということは、トラブルから逃げていないということです。

突破口も、ド真ん中にあります。

突破口にたどり着くには勇気がいりますが、このセオリーを知っておけば勇気はいりません。

想定外のトラブルがあった時に、逃げないで中央突破して運をつかんだ人は、「また来たね、このパターン」というのがわかるから、そこに行けるのです。

勇気は、結果がわからないことをすることです。

「ド真ん中に運がある」という方程式を知っている人は、結果がわかっています。

「来たよ。ここに来たら、こう行けばいいんだよ。前もこうだったんだよ」ということを経験した人は、どんどん行けます。

常に逃げている人は、永遠に運をつかめません。

「あの人、勇気あるな」と言いますが、勇気ではありません。

コツをつかんでいるだけなのです。

20代を楽しむ方法

51

想定外のトラブルから逃げない。

52

ムッとすると、運を逃がす。運は変えられないけれど、気分は変えることができる。

スマホを忘れるパターンは、万人共通です。
それは、ムッとしている時です。
運は、自分では変えることができません。
ムッとするかどうかは自分で選べます。
たとえば、タクシーに乗ると、運転手さんがムッとしていました。
それで自分もムッとした応対をしました。
この時、財布やスマホを忘れます。

ムッとしている時はエネルギーが消耗して、感覚が鈍ります。

それで忘れるはずのないスマホを忘れてしまうのです。

ムッとするのは損です。

タクシーの運転手さんがムッとしていたら、「前に乗ったお客様がムッとしていたんだな」と考えて、

「この仕事、大変だよな」

「これで運転手さんが事故に遭っても気の毒だ」

「なんとか気分がよくなるように自分が盛り上げよう」

「感じよく接しよう」

と思っていると、余裕が生まれて、忘れ物はしなくなります。

いつももらっている領収書を、ムッとしていると「いらないです」と言って断ります。

それでスマホを忘れてしまうのです。

そういう時は、感じよくもらっておきます。

誰でも感じのいい人には感じよく接します。

大切なのは、ムッとしている人のムッとしている状態に感染しないことなのです。

20代を楽しむ方法

52

ムッとする人に、ムッとしない。

53
「失敗・困難・不都合」は、青春三点セット。失敗で気づき、困難で鍛え、不都合で工夫できる。

20代の三種の神器は、「失敗・困難・不都合」です。

これには意味があります。

「失敗」の特典は、気づきがもらえることです。

「こういうところが自分は苦手なんだな」と、気づけるのです。

「困難」の特典は、粘り力が鍛えられ、「もう少しやってみよう」という継続力が生まれることです。

「不都合」の特典は、場当たり的なものも含めて、「これはこうしたらいいのかな」

という工夫が生まれることです。

20代で気づきと粘り力・メンタル力と工夫を手に入れるには、失敗・困難・不都合にできるだけたくさん出会っておくことです。

それで後がラクになるのです。

みんな同じ失敗を繰り返しています。

失敗のバリエーションは無限にあるように感じますが、そうではありません。

20代で失敗しておけば、「失敗したということは、気づきが来る」と、自分の勝ちパターンになっていくのです。

20代を楽しむ方法

53

失敗・困難・不都合を集めよう。

54 お辞儀を立ち止まってすると、出会いがある。

20代でこのことを覚えておくと、いろんな運が得られます。

運は、目上の人にかわいがってもらえる、目をかけてもらえる、誰かを同行させる時に「君、一緒に行くか」と言ってもらえることです。

運は抽象的なものではありません。

きわめて具体的なことです。

上司が大切な席に行く時に同行を誘ってもらえるのは、大きな運です。

誘う人は、ルックスでは選びません。

能力でもありません。

マナーです。

大切な人のところへ連れて行く時に、マナー的に不手際があると、連れて行った人の責任になります。

先方に失礼があると、まとまる話もまとまらなくなります。

仕事ができるとかできないとかは、その場ではわかりません。

ルックスは好みがあります。

マナーには好みがありません。

マナーの一つが、お辞儀です。

お辞儀の差は、たった一点、お辞儀が立ち止まってできるかどうかです。

「立ち止まる気」は、難しいことではありません。

角度が何度とかは考えなくてもいいのです。

歩きながらお辞儀するのか、いったん止まってお辞儀するのかです。

20代を楽しむ方法

54

「立ち止まり礼」をしよう。

部屋に入る時に、いったん止まってお辞儀をするか、ズルズルとそのまま部屋に入っていくかは大きな分かれ目です。

それが引き立て運をつかめるかどうかの分かれ目なのです。

55

アイコンタクトをすると、チャンスをつかめる。

名前を呼ばれてから行くのは、チャンスをつかめません。

「アイコンタクトでは、あなたは気づかなかった」と言われているのと同じです。

ワクチンの接種会場はオペレーションがスムーズです。

案内係の人が、アイコンタクトをしています。

「次、行きますから」とアイコンタクトを送っている時にスマホを見ている人は、その人が近くまで来なければならなくなります。

この時点で、本来この時間内に10人打てたのが9人になります。

時間内でできる人の人数がどんどん減っていくのです。
待ち時間にスマホを見ていると、アイコンタクトを逃します。
感じのいい人ほど、遠くからアイコンタクトを送ります。
「次、行きますから」も、「どうぞ」も、すべてアイコンタクトです。
近づいて来ないし、名前も呼びません。
このやりとりが実際の社会の中でも起こっています。
チャンスをつかめない人は、アイコンタクトを逃しているのです。
その時危ないのは、スマホです。
私も待ち時間で退屈しないように、本を持って行きました。
結局、１ページも読んでいません。
もちろんスマホも見ていません。
接種会場のアイコンタクトは素晴らしかったです。
このコミュニケーションの中で覚えたほうがいいのは、アイコンタクトを身につけることです。

チャンスをつかめる人のアイコンタクトは、遠くの人とします。

ランチタイムで混んでいるお店は、いくら声を出しても注文が通りません。

注文が通る人は、店員さんがこちらを見た瞬間にアイコンタクトができる人です。

結局、そういう人がチャンスをつかめるのです。

「私、メガネをかけていますから不利です」と言う人がいますが、まったく関係ありません。

アイコンタクトは、目だけではなく、全身ですることなのです。

20代を楽しむ方法

55

遠くの人と、アイコンタクトしよう。

56 はしゃいでいると、チャンスを逃がす。

楽しい場所に行くと、感情のコントロールができなくなります。

マナーは知っていても、「マナーを守らなければ」という気持ちが、はしゃいでいる気持ちに負けてしまうのです。

子どもがゲームをしている途中で、お母さんから「ごはんよ」と言われます。

この時すぐにゲームを止められないのと同じです。

「ここまでしてから」とか「今いいところだから」というのは、自分の感情をコントロールできていないのです。

感情をコントロールできている人は、今の状況に合わせて切り替えられます。

はしゃいで自分の感情に振り回されている人は、感情の奴隷になって、自分を操作できなくなるのです。

会社のミーティングで、みんなが集まってくる間に雑談をすることがあります。

いざ本題に入った時に雑談がとめられない人は、「もう始めてもいいですか」と言われます。

ここでチャンスを逃します。

流れが本題に入ったことはわかっているのに、雑談の楽しい気分をパッと切り替えられない人は、「こいつは子どもだな」と思われます。

大人は感情のコントロールができます。

子どもは感情にコントロールされます。

これが大人と子どもの差です。

感情を持つことは大切です。

20代を楽しむ方法

56

はしゃいでいる自分に気づこう。

会社では雑談タイムと本題タイムの潮目がコロコロ変わります。

これにきちんと乗っていくことが大切です。

お客様と話をする時も同じです。

レストランでも、料理が運ばれてきた瞬間に、どれだけ話が盛り上がっていても料理に集中します。

そうしないとお店の人から嫌われます。

男性でも女性でも、話を切れない人は多いです。

サービス業で研修している側からすると、料理を運んできた時にさっと切り替えられる人は感じがいいのです。

57 拍手のきれいな人は、パワーが生まれる。

チャンスは、拍手から生まれます。


講演では、拍手で感じのいい人と感じの悪い人とに分かれます。

感じの悪い拍手は、パチ、パチ、パチと、めんどくさそうに叩きます。

感じのいい拍手は、手を前に出して、パチパチパチパチとエネルギーを送ってきます。

コシノジュンコさんと一緒にコンサートに行くと、隣に座っていたコシノさんが立ち上がって拍手をします。

立ち上がることが大切なのではありません。

20代を楽しむ方法

57

拍手で、エネルギーを送ろう。

拍手のオーラでステージの人にエネルギーを送ることが大切です。
今、拍手している自分の手にエネルギーが生まれているかどうかです。
仕方なくしている拍手は、エネルギーがありません。
この人は話を聞いて感動してくれた、心に刺さったというのも拍手でわかります。
仕方なくしている拍手は、自分自身のエネルギーも下がります。
拍手によって、叩いている本人のエネルギーが生まれるのです。

58

才能は、変えられない。技術は、変えることができる。

一人一人の才能は変えられません。
自分で才能のある人間になろうというのは難しいのです。
変えられるのは、技術です。
ここで「エッ、才能と技術は同じじゃないですか」と言われます。
違います。
技術は、才能に関係なく、努力して身につけたものです。
才能は、最初からセンスがあるとか、勘がいいということです。

技術は変えることができます。
自分がコツコツ工夫したり努力することで、技術は身につくのです。
才能がないことは本人を責められません。
技術がないのは本人の努力の問題です。
それは本人がいくらでも変えられます。
「私は才能も技術もないし」と言うのは、才能と技術を一緒くたにしています。
技術がないのは自分の責任です。
頑張って技術を磨いている人は、練習量と工夫の量が圧倒的に多いのです。
技術をあたかも才能のように言うのは間違っているのです。

20代は、エネルギーに溢れた時代です。
人よりもたくさん練習ができるし、体のムリもききます。
感受性も豊かです。

この時に、たくさん技術を身につけておくことです。
それを才能があるとかないとかいう議論に逃げてはいけないのです。

20代を楽しむ方法

58

技術を身につけよう。

59

チャンスは、苦手な人がくれる。

苦手な人との接し方には法則があります。
「チャンスは苦手な人がくれる」ということです。
好きな人は好きでいいのです。
ここが世の中がうまくできているのかいないのか、悩ましいところです。
本当は好きな人がチャンスをくれるのがベストです。
好きな人はチャンスなんかくれなくても好きなのです。

チャンスをつかめる人は、苦手な人との接し方がうまい人です。

コツは、苦手な人にマナーよく接することです。

よく「苦手な人のフトコロへ飛び込め」と言いますが、それは勇気の問題です。

たとえば、廊下を歩いていると、向こうから苦手な上司が来ました。

自分は廊下をさっと曲がって、気づかないフリで逃げます。

一緒に歩いていた人は、まっすぐ歩いて行ってチャンスの仕事を頼まれます。

ここでマナーよく挨拶ができれば、逃げなくて済んだのです。

不幸せ感は逃げることで生まれます。

不幸せだから逃げるのではありません。

逃げているから不幸せに感じるのです。

大切なのは、苦手な人を敵にしないことです。

味方になってもらう必要はありません。

好きな人と嫌いな人がいていいのです。

20代を楽しむ方法

59

苦手な人を敵にしないために、マナーを身につける。

真ん中の人は、どちらでもない人です。
0《ゼロ》か100かではありません。
会社で接する人は真ん中の人が多いのです。
どちらでもない人を敵にカウントすると、幅が狭くなります。
真ん中の人は、どちらにも転びます。
「少なくとも敵ではない人」ぐらいにカウントしておけば、もっとラクになります。
たとえ敵であっても、マナーよく接しておけば、その人からチャンスが来ます。
会社の中で嫌われている人は、孤立して孤独です。
その人に少し優しくしてあげると、たくさん優しくしてもらえるのです。

60

やる気をなくさなければ、勝ち。

一番の負けは、「やる気をなくすこと」です。

これには個人差があります。

まだ諦める段階ではないのに、やる気をなくす人もいます。

「これは諦めるでしょう」という時でも、やる気をなくさない人もいます。

勝ち負けは審判が決めることではありません。

どこで自分がやる気をなくすかで決まります。

「金輪際」「もう二度と」と言うのは、「切った」という状態です。

その人がまだやる気があるかどうかの分かれ目は、ゴキゲンかどうかです。

言葉ではありません。

「もう勘弁してくださいよ」「最低ですよ」と言いながら半笑いの状態でいられるのは、まだやる気をキープしています。

やる気をキープできれば、「終わった」はないのです。

勝ち負けは、やる気をなくしていない人の勝ちです。

引き分けでも、やる気をなくしてしまえば負けです。

結果がどんな事態でも、どこまでもやる気をなくさないことが大切です。

うまくいってもゴキゲン、うまくいかなくてもゴキゲンでいるようにします。

周りから見たら、うまくいっているかどうかわからないのです。

それが一番の勝ちです。

20代は、うまくいかないことのほうが多いのです。

10個のうち9個はうまくいきません。

ただし、1対9にはなりません。

1個うまくいったら、イヤなことは全部忘れるからです。

その1個に出会うために、数をこなすのです。

失敗の数はカウントしません。

だからこそ、数をこなすしかありません。


そのためには、うまくいかなかった時に「もう金輪際やらない」ではなく、「ヨシ、次こそは」と、またチャレンジします。

再チャレンジし続けること、それが20代なのです。

20代は、落ち込みます。

成功率が、低いからです。

落ち込みから抜け出すには、再チャレンジすることです。
再チャレンジしている間は、凹んだ気分を、忘れることができるのです。
再チャレンジこそが、ワクワクを生み出してくれるのです。

20代を楽しむ方法

60

うまくいかなくても、ゴキゲンでいよう。

あとがき

61

20代のスピリッツは、ずっと残り続ける。

この本は、30代・40代・50代の人が読んでもいいのです。
自分の中の20代の要素はなくなりません。
20代の上に、30代・40代・50代と、積み重なっているだけです。
20代のスピリッツは冒険心です。
冒険心は、ずっと持ち続けています。
ファッションデザイナーは、売れていくとライバルがたくさん出てきます。
でも、**実際のライバルは20代の自分です。**

20代のあの熱い思いだった時代の自分と常に戦っています。

だから、ファッションデザイナーは70代、80代になっても元気なのです。

それは私も同じです。

20代の時の仕事のやり方と今の仕事のやり方で、技術においても発想においても、どちらが熱量があるかという戦いを常にしています。

30代になったら20代のスピリッツがなくなるわけではありません。

20代のスピリッツは、一生残り続けるのです。

20代を楽しむ方法

61

「20代の自分」と、戦い続けよう。

『一流のストレス』

【リンデン舎】
『状況は、自分が思うほど悪くない。』
『速いミスは、許される。』

【文芸社】
『全力で、1ミリ進もう。』【文庫】
『贅沢なキスをしよう。』【文庫】

【総合法令出版】
『「気がきくね」と言われる人のシンプルな法則』
『伝説のホストに学ぶ82の成功法則』

【学研プラス】
『読む本で、人生が変わる。』

【WAVE出版】
『リアクションを制する者が20代を制する。』

【二見書房】
『「お金持ち」の時間術』【文庫】

【ミライカナイブックス】
『名前を聞く前に、キスをしよう。』

【イースト・プレス】
『なぜかモテる人がしている42のこと』【文庫】

【第三文明社】
『仕事は、最高に楽しい。』

中谷彰宏　主な作品一覧

『なぜか「美人」に見える女性の習慣』【文庫】
『いい女の教科書』【文庫】
『いい女恋愛塾』【文庫】
『「女を楽しませる」ことが男の最高の仕事。』【文庫】
『いい女練習帳』【文庫】
『男は女で修行する。』【文庫】

【水王舎】
『なぜ美術館に通う人は「気品」があるのか。』
『なぜあの人は「美意識」があるのか。』
『なぜあの人は「教養」があるのか。』
『結果を出す人の話し方』
『「人脈」を「お金」にかえる勉強』
『「学び」を「お金」にかえる勉強』

【あさ出版】
『孤独が人生を豊かにする』
『気まずくならない雑談力』
『「いつまでもクヨクヨしたくない」とき読む本』
『「イライラしてるな」と思ったとき読む本』
『なぜあの人は会話がつづくのか』

【すばる舎リンケージ】
『仕事が速い人が無意識にしている工夫』
『好かれる人が無意識にしている文章の書き方』
『好かれる人が無意識にしている言葉の選び方』
『好かれる人が無意識にしている気の使い方』

【日本実業出版社】
『出会いに恵まれる女性がしている 63 のこと』
『凛とした女性がしている 63 のこと』
『一流の人が言わない 50 のこと』
『一流の男 一流の風格』

【青春出版社】
『50 代「仕事に困らない人」は見えないところで何をしているのか』
『50 代から成功する人の無意識の習慣』
『いくつになっても「求められる人」の小さな習慣』

【自由国民社】
『不安を、ワクワクに変えよう。』
『「そのうち何か一緒に」を、卒業しよう。』
『君がイキイキしていると、僕はうれしい。』

【現代書林】
『チャンスは「ムダなこと」から生まれる。』
『お金の不安がなくなる 60 の方法』
『なぜあの人には「大人の色気」があるのか』

【ぱる出版】
『品のある稼ぎ方・使い方』
『察する人、間の悪い人。』
『選ばれる人、選ばれない人。』

【毎日新聞出版】
『あなたのまわりに「いいこと」が起きる 70 の言葉』
『なぜあの人は心が折れないのか』
『一流のナンバー２』

【DHC】
『会う人みんな神さま』ポストカード
『会う人みんな神さま』書画集
『あと「ひとこと」の英会話』

【河出書房新社】
『成功する人のすごいリアクション』
『成功する人は、教わり方が違う。』

【ユサブル】
『迷った時、「答え」は歴史の中にある。』
『1 秒で刺さる書き方』

【大和出版】
『自己演出力』
『一流の準備力』

【海竜社】
『昨日より強い自分を引き出す 61 の方法』

『なぜあの人はプレッシャーに強いのか』
『大学時代しなければならない50のこと』
『あなたに起こることはすべて正しい』

【きずな出版】
『チャンスをつかめる人のビジネスマナー』
『生きる誘惑』
『しがみつかない大人になる63の方法』
『「理不尽」が多い人ほど、強くなる。』
『グズグズしない人の61の習慣』
『イライラしない人の63の習慣』
『悩まない人の63の習慣』
『いい女は「涙を背に流し、微笑みを抱く男」とつきあう。』
『ファーストクラスに乗る人の自己投資』
『いい女は「紳士」とつきあう。』
『ファーストクラスに乗る人の発想』
『いい女は「言いなりになりたい男」とつきあう。』
『ファーストクラスに乗る人の人間関係』
『いい女は「変身させてくれる男」とつきあう。』
『ファーストクラスに乗る人の人脈』
『ファーストクラスに乗る人のお金2』
『ファーストクラスに乗る人の仕事』
『ファーストクラスに乗る人の教育』
『ファーストクラスに乗る人の勉強』
『ファーストクラスに乗る人のお金』
『ファーストクラスに乗る人のノート』
『ギリギリセーーフ』

【PHP研究所】
『自己肯定感が一瞬で上がる63の方法』【文庫】
『定年前に生まれ変わろう』
『メンタルが強くなる60のルーティン』
『中学時代にガンバれる40の言葉』
『中学時代がハッピーになる30のこと』
『もう一度会いたくなる人の聞く力』
『14歳からの人生哲学』
『受験生すぐにできる50のこと』
『高校受験すぐにできる40のこと』
『ほんのささいなことに、恋の幸せがある。』
『高校時代にしておく50のこと』
『お金持ちは、お札の向きがそろっている。』【文庫】
『仕事の極め方』
『中学時代にしておく50のこと』
『たった3分で愛される人になる』文庫
『【図解】「できる人」のスピード整理術』
『【図解】「できる人」の時間活用ノート』
『自分で考える人が成功する』【文庫】
『入社3年目までに勝負がつく77の法則』【文庫】

【リベラル社】
『30代をどう生きるか』【文庫】
『メンタルと体調のリセット術』
『新しい仕事術』
『眠れなくなるほど面白い　哲学の話』
『1分で伝える力』
『「また会いたい」と思われる人「二度目はない」と思われる人』
『モチベーションの強化書』
『50代がもっともっと楽しくなる方法』
『40代がもっと楽しくなる方法』
『30代が楽しくなる方法』
『チャンスをつかむ 超会話術』
『自分を変える 超時間術』
『問題解決のコツ』
『リーダーの技術』
『一流の話し方』
『一流のお金の生み出し方』
『一流の思考の作り方』
『一流の時間の使い方』

【大和書房】
『いい女は「ひとり時間」で磨かれる』【文庫】
『大人の男の身だしなみ』
『今日から「印象美人」』【文庫】
『いい女のしぐさ』【文庫】
『美人は、片づけから。』【文庫】
『いい女の話し方』【文庫】
『「つらいな」と思ったとき読む本』【文庫】
『27歳からのいい女養成講座』【文庫】
『なぜか「HAPPY」な女性の習慣』【文庫】

中谷彰宏　主な作品一覧

【ダイヤモンド社】

『60代でしなければならない50のこと』
『面接の達人 バイブル版』
『なぜあの人は感情的にならないのか』
『50代でしなければならない55のこと』
『なぜあの人の話は楽しいのか』
『なぜあの人はすぐやるのか』
『なぜあの人は逆境に強いのか』
『なぜあの人の話に納得してしまうのか[新版]』
『なぜあの人は勉強が続くのか』
『なぜあの人は仕事ができるのか』
『25歳までにしなければならない59のこと』
『なぜあの人は整理がうまいのか』
『なぜあの人はいつもやる気があるのか』
『なぜあのリーダーに人はついていくのか』
『大人のマナー』
『プラス1％の企画力』
『なぜあの人は人前で話すのがうまいのか』
『あなたが「あなた」を超えるとき』
『中谷彰宏金言集』
『こんな上司に叱られたい。』
『フォローの達人』
『「キレない力」を作る50の方法』
『女性に尊敬されるリーダーが、成功する。』
『30代で出会わなければならない50人』
『20代で出会わなければならない50人』
『就活時代しなければならない50のこと』
『あせらず、止まらず、退かず。』
『お客様を育てるサービス』
『あの人の下なら、「やる気」が出る。』
『なくてはならない人になる』
『人のために何ができるか』
『キャパのある人が、成功する。』
『時間をプレゼントする人が、成功する。』
『明日がワクワクする50の方法』
『ターニングポイントに立つ君に』
『空気を読める人が、成功する。』
『整理力を高める50の方法』
『迷いを断ち切る50の方法』
『なぜあの人は10歳若く見えるのか』
『初対面で好かれる60の話し方』
『成功体質になる50の方法』
『運が開ける接客術』
『運のいい人に好かれる50の方法』
『本番力を高める57の方法』
『運が開ける勉強法』
『バランス力のある人が、成功する。』
『ラスト3分に強くなる50の方法』
『逆転力を高める50の方法』
『最初の3年その他大勢から抜け出す50の方法』
『ドタン場に強くなる50の方法』
『アイデアが止まらなくなる50の方法』
『思い出した夢は、実現する。』
『メンタル力で逆転する50の方法』
『自分力を高めるヒント』
『なぜあの人はストレスに強いのか』
『面白くなければカッコよくない』
『たった一言で生まれ変わる』
『スピード自己実現』
『スピード開運術』
『スピード問題解決』
『スピード危機管理』
『一流の勉強術』
『スピード意識改革』
『お客様のファンになろう』
『20代自分らしく生きる45の方法』
『なぜあの人は問題解決がうまいのか』
『しびれるサービス』
『大人のスピード説得術』
『お客様に学ぶサービス勉強法』
『スピード人脈術』
『スピードサービス』
『スピード成功の方程式』
『スピードリーダーシップ』
『出会いにひとつのムダもない』
『なぜあの人は気がきくのか』
『お客様にしなければならない50のこと』
『大人になる前にしなければならない50のこと』
『なぜあの人はお客さんに好かれるのか』
『会社で教えてくれない50のこと』
『なぜあの人は時間を創り出せるのか』
『なぜあの人は運が強いのか』
『20代でしなければならない50のこと』

著者略歴

中谷 彰宏（なかたに あきひろ）

作家・俳優。大阪府生まれ。早稲田大学第一文学部演劇科卒。博報堂でのCMプランナーを経て独立し、株式会社中谷彰宏事務所を設立。中谷塾を主宰し、セミナーを行う。著作は1000冊を超え、多くのロングセラー、ベストセラーを出している。

※本の感想など、どんなことでもお手紙を楽しみにしています。
　他の人に読まれることはありません。**僕は本気で読みます。**

中谷彰宏

〒460-0008　名古屋市中区栄3-7-9 新鏡栄ビル8F　株式会社リベラル社　編集部気付
中谷彰宏　行

※食品、現金、切手等の同封はご遠慮ください（リベラル社）

[中谷彰宏　公式サイト] http://www.an-web.com/

中谷彰宏は、盲導犬育成事業に賛同し、この本の印税の一部を（公財）日本盲導犬協会に寄付しています。

装丁イラスト　田中寛崇
装丁デザイン　宮下ヨシヲ（サイフォン グラフィカ）
本文デザイン・DTP　尾本卓弥（リベラル社）
編集人　伊藤光恵（リベラル社）
営業　津村卓（リベラル社）

編集部　近藤碧・山田吉之・安田卓馬・鈴木ひろみ
営業部　澤順二・津田滋春・廣田修・青木ちはる・竹本健志・春日井ゆき恵・持丸孝・榊原和雄
制作・営業コーディネーター　仲野進

20代をどう生きるか　楽しむための61の方法

2021年 9月28日　初版
2021年10月26日　再版

著　者　中 谷 彰 宏
発行者　隅 田 直 樹
発行所　株式会社 リベラル社
〒460-0008 名古屋市中区栄3-7-9 新鏡栄ビル8F
TEL 052-261-9101　FAX 052-261-9134
http://liberalsya.com
発　売　株式会社 星雲社（共同出版社・流通責任出版社）
〒112-0005 東京都文京区水道1-3-30
TEL 03-3868-3275

 ISBN978-4-434-29386-3　C0030
　17001

30代をどう生きるか：楽しむための63の方法

（文庫判／208ページ／720円＋税）

30代は、迷う時代です。まだ自分探しをしている人もいます。
大切なのは、探すことより、今与えられた状況を味わい尽くすことです。 一緒に何かをしたい人は、「人生を楽しんでいる人」です。「楽しんでいる」イコール「成功している」ではありません。今、自分がいる場所で「楽しむ」という価値基準でいることが大切なのです。
※本書は2018年に小社より発刊した書籍の文庫版です。

コロナ時代をチャンスに変える
新しい仕事術

四六判／1,400円＋税

働き方が一変した自粛の時代。ビジネスマンには、新しい技術と新しい生き方が求められています。「新しい時代のスキル70」。

メンタルと体調のリセット術

四六判／1,400円＋税

ウィズコロナは、リセットのチャンスを与えました。リセットできる「心と体を整える工夫」を66のエピソードで収録。

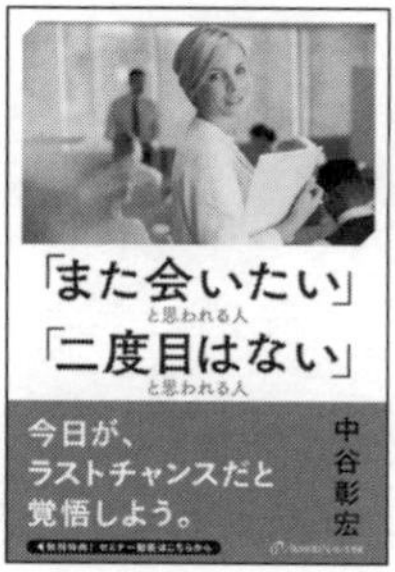

「また会いたい」と思われる人
「二度目はない」と思われる人

四六判／1,300円＋税

出会いは、1回会って2回目に会うまでが勝負です。「二度目につなげる72の具体例」を紹介します。

1分で伝える力

四六判／ 1,300円＋税

どんなにいいことを言っても、伝わらなければ終わりです。「人を動かす話し方61」。